Jose Rodríguez Vega

¡El Mundo Espera Tu Liderazgo!

*Estrategias Avanzadas para Liderar
en un Mundo Competitivo.*

Otros Títulos

El Tiempo y Tú
Trabajo y Mente
El Prompt del Líder

El liderazgo es un viaje que requiere valentía, visión y empatía. Como un río que fluye hacia el mar sin cesar, el líder debe adaptarse a los cambios, superar obstáculos y guiar a otros con pasión. La sabiduría del libro de Eclesiastés nos recuerda que todo tiene su tiempo y propósito. Así, el líder debe discernir cuándo actuar y cuándo esperar. En este viaje, la humildad y la compasión son faros que iluminan el camino. El liderazgo no es solo una posición, sino una responsabilidad de influir positivamente en quienes nos rodean.

¡El Mundo Espera Tu Liderazgo!

Biósfera 360+

Dedicatoria

"A aquellos que desafían lo ordinario, a los soñadores incansables y a los visionarios audaces: este libro está dedicado a ustedes. Que sus pasos inspiren a otros, que sus decisiones transformen realidades y que su liderazgo ilumine el camino hacia un mundo mejor."

Marzo 2024

Biósfera 360+

Contenido

Introducción. 8

Capítulo 1: Fundamentos del liderazgo. 11

Definición de liderazgo. 12

Importancia del liderazgo en las organizaciones. 13

Cualidades clave de un líder. 15

Diferencias entre liderazgo y gestión. 17

Capítulo 2: Estilos de liderazgo. 21

Liderazgo autocrático. 22

Liderazgo democrático. 24

Liderazgo transformacional. 26

Liderazgo situacional. 29

Enfoques contemporáneos en el liderazgo. 31

Capítulo 3: Comunicación efectiva. 35

Importancia de la comunicación en el liderazgo. 36

Habilidades de comunicación verbal. 38

Habilidades de comunicación no verbal. 41

Comunicación en situaciones difíciles. 44

Capítulo 4: Gestión de equipos. 47

Formación de equipos efectivos. 48

Delegación de tareas y empoderamiento del equipo. 51

Motivación de los miembros del equipo. 54

Resolución de conflictos dentro del equipo. 57

Capítulo 5: Toma de decisiones. 61

Proceso de toma de decisiones. 62

Toma de decisiones bajo presión. 65

Toma de decisiones éticas. 67

Capítulo 6: Liderazgo ético. 71

Importancia de la ética en el liderazgo. 72

Principios éticos para líderes: integridad, responsabilidad y transparencia. 74

Cómo manejar dilemas éticos en el liderazgo empresarial. 77

Capítulo 7: Desarrollo personal y profesional. 81

Importancia del desarrollo continuo del líder. 82

Aprendizaje permanente. 84

Desarrollo de habilidades de liderazgo. 87

Equilibrio entre el trabajo y la vida personal. 90

Capítulo 8: Desarrollo Personal y Autoconocimiento. 95

Autoconciencia emocional. 96

Gestión del tiempo y priorización. 98

Resiliencia y manejo del estrés. 101

Creatividad y pensamiento lateral. 103

Desarrollo de la inteligencia emocional. 106

Capítulo 9: Construcción y Gestión de Relaciones. 109

Desarrollo de redes profesionales. 110

Negociación y resolución de conflictos. 112

Empatía y comprensión interpersonal. 115

Coaching y mentoría. 118

Construcción de equipos de alto rendimiento. 121

Capítulo 10: Innovación y Cambio Organizacional. 125

Cultura de la innovación. 126

Gestión del cambio. 129

Pensamiento estratégico. 131

Adaptabilidad y flexibilidad. 134

Fomento de la experimentación y aprendizaje. 137

Conclusión. 140

Introducción.

En el ámbito del liderazgo empresarial, la búsqueda de la excelencia es una constante. Líderes de todas las esferas están en una búsqueda continua de conocimientos, habilidades y perspectivas que los ayuden a enfrentar los desafíos de un mundo empresarial en constante evolución. Este libro tiene como objetivo ser tu guía en este viaje, ofreciendo una exploración profunda y aplicada de una amplia gama de temas relacionados con el liderazgo y la gestión.

Desde la definición fundamental del liderazgo hasta las estrategias para gestionar el cambio organizacional, cada capítulo de este libro se sumerge en un aspecto clave del liderazgo empresarial, ofreciendo insights valiosos y herramientas prácticas que puedes aplicar en tu propia trayectoria como líder. Ya sea que estés al frente de un equipo pequeño en un startup emergente o liderando una gran corporación internacional, encontrarás que los conceptos y consejos presentados aquí son relevantes y aplicables.

El libro comienza con una exploración del significado mismo del liderazgo. ¿Qué hace a un líder efectivo? ¿Cómo se diferencia el liderazgo del simple manejo de personas? Estas preguntas fundamentales establecen el escenario para el resto del libro, proporcionando una base sólida sobre la cual construir un enfoque de liderazgo efectivo.

A medida que avanzamos, nos sumergimos en la importancia de habilidades específicas de liderazgo, desde la comunicación efectiva hasta la resolución de conflictos y la toma de decisiones éticas. Cada capítulo examina detalladamente un tema particular, proporcionando ejemplos prácticos y ejercicios útiles para ayudarte a desarrollar y fortalecer esas habilidades en tu propio contexto empresarial. Pero el liderazgo no se trata solo de habilidades individuales; también se trata de construir y liderar equipos efectivos.

A lo largo de este libro, exploraremos cómo formar equipos cohesionados y de alto rendimiento, cómo fomentar la colaboración y la innovación, y cómo liderar con éxito en tiempos de cambio y adversidad. Reconocemos la importancia de la autorreflexión y el crecimiento personal en el viaje del líder. Desde el desarrollo de la inteligencia emocional hasta el equilibrio entre el trabajo y la vida personal, exploramos cómo los líderes pueden cultivar su propio bienestar y efectividad a medida que guían a otros hacia el éxito.

A lo largo de cada capítulo, encontrarás ejemplos inspiradores de líderes reales que han enfrentado desafíos similares a los tuyos y han encontrado formas innovadoras de superarlos. Desde líderes transformacionales en la historia hasta ejecutivos contemporáneos que lideran empresas líderes en su industria, estas historias ofrecen una visión valiosa de lo que es posible cuando se aplica el liderazgo efectivo.

Este libro no pretende ser una solución rápida o una receta infalible para el éxito. Más bien, es una herramienta que puedes utilizar para fortalecer tus habilidades de liderazgo, ampliar tu perspectiva y encontrar inspiración en el viaje hacia la excelencia en el liderazgo empresarial. Con cada página, te invitamos a reflexionar sobre tu propio enfoque de liderazgo, identificar áreas de mejora y comprometerte con un viaje continuo de aprendizaje y crecimiento.

Capítulo 1:
Fundamentos del liderazgo.

Definición de liderazgo.

El liderazgo, una pieza fundamental en el entramado de las organizaciones modernas, trasciende la mera gestión de recursos humanos para convertirse en un arte complejo de influencia y dirección. Definir el liderazgo implica adentrarse en un territorio que va más allá de los roles formales y las responsabilidades asignadas; es comprender la capacidad de inspirar, motivar y guiar a otros hacia la consecución de metas comunes. En su esencia más pura, el liderazgo es la capacidad de influir en el comportamiento y las acciones de los demás, no solo mediante la autoridad formal, sino también a través del ejemplo, la visión y la empatía.

Un líder efectivo no solo dicta órdenes, sino que inspira a su equipo a alcanzar su máximo potencial, cultivando un ambiente de confianza, colaboración y crecimiento mutuo. La distinción entre liderazgo y simple gestión radica en la profundidad y amplitud del impacto. Mientras que la gestión se centra en la coordinación de recursos y la ejecución de tareas, el liderazgo implica la creación de visiones, la alineación de valores y la inspiración de personas. Un gerente puede asegurar que las cosas se hagan, pero un líder va más allá, motivando a su equipo a hacer lo correcto y a perseguir la excelencia con pasión y compromiso.

Para algunos, el liderazgo se manifiesta en la capacidad de tomar decisiones difíciles en momentos de incertidumbre, mostrando valor y resiliencia frente a la adversidad.

Para otros, se encuentra en la habilidad de comunicar una visión convincente que inspire a otros a seguir adelante incluso en tiempos de cambio y desafío. Sin embargo, independientemente de las diferencias en estilo y enfoque, todos los líderes comparten una cualidad fundamental: la capacidad de influir positivamente en aquellos a su cargo y generar un impacto significativo en su entorno.

El liderazgo trasciende los límites de las estructuras organizativas y se manifiesta en todas las áreas de la vida. Desde el líder de equipo en una empresa hasta el mentor en una comunidad, el liderazgo se define por la capacidad de inspirar, guiar y empoderar a otros para alcanzar su máximo potencial y lograr un bien común. En este sentido, el liderazgo no es solo un conjunto de habilidades y técnicas, sino un compromiso profundo con el crecimiento personal y el servicio a los demás.

Importancia del liderazgo en las organizaciones.

La importancia del liderazgo en las organizaciones es innegable y trasciende los límites de cualquier industria o sector. El liderazgo efectivo no solo es un factor clave en el éxito de una empresa, sino que también puede marcar la diferencia entre el crecimiento sostenible y el estancamiento. Para comprender plenamente la importancia del liderazgo en las organizaciones, es útil analizar ejemplos de empresas exitosas que han sido moldeadas por líderes visionarios y competentes.

Un caso emblemático es el de Apple Inc., bajo el liderazgo de Steve Jobs. Jobs no solo fue un innovador en el ámbito tecnológico, sino que también ejemplificó un estilo de liderazgo único y visionario que transformó la industria de la tecnología. Su capacidad para inspirar a su equipo, fomentar la creatividad y mantener altos estándares de excelencia contribuyó en gran medida al éxito de Apple como una de las empresas más innovadoras y exitosas del mundo.

Otro ejemplo destacado es el de Starbucks Corporation, dirigida por Howard Schultz. Schultz no solo construyó una marca globalmente reconocida, sino que también se distinguió por su enfoque centrado en las personas y su compromiso con la responsabilidad social corporativa. Su liderazgo enfocado en valores, que priorizaba tanto a los empleados como a los clientes, fue fundamental para establecer una cultura organizacional sólida y un sentido de propósito compartido entre todos los miembros de la empresa.

Estos ejemplos ilustran cómo el liderazgo efectivo puede impactar positivamente en el éxito y la longevidad de una organización. Más allá de simplemente dirigir y supervisar, un líder eficaz tiene la capacidad de inspirar a los empleados, alinearlos con la visión y los valores de la empresa, y desbloquear su potencial máximo. Esto no solo conduce a un mayor compromiso y satisfacción en el trabajo, sino que también impulsa la innovación, la productividad y el crecimiento a largo plazo.

El liderazgo efectivo es fundamental para navegar por los desafíos y las turbulencias que inevitablemente surgen en el entorno empresarial. En tiempos de cambio rápido y disrupción, un líder fuerte puede proporcionar dirección, estabilidad y confianza a su equipo, ayudándolos a adaptarse y prosperar en nuevas condiciones. La importancia del liderazgo en las organizaciones es fundamental para el éxito empresarial.

Los líderes efectivos son catalizadores de cambio, impulsores de la innovación y constructores de culturas organizacionales sólidas. Al analizar ejemplos de empresas exitosas, queda claro que el liderazgo competente y visionario es un activo invaluable que puede marcar la diferencia entre el éxito y el fracaso en el mundo empresarial.

Cualidades clave de un líder.

Las cualidades clave de un líder son el corazón y el alma de su capacidad para influir, inspirar y guiar a otros hacia el éxito. Al reflexionar sobre las cualidades que admiras en los líderes que has conocido o estudiado, te embarcas en un viaje de autoexploración que te permitirá identificar áreas de desarrollo y crecimiento personal en tu propio camino hacia el liderazgo. Una de las cualidades más admiradas en un líder es la integridad. Los líderes íntegros son honestos, éticos y consistentes en sus acciones y decisiones.

Su comportamiento transparente y confiable crea un ambiente de confianza y respeto mutuo entre ellos y sus seguidores. Reflexiona sobre cómo puedes cultivar la integridad en tu propio liderazgo, comprometiéndote a actuar con honestidad y ética en todas tus interacciones y decisiones. Otra cualidad esencial es la capacidad de comunicación efectiva. Los líderes efectivos son hábiles comunicadores que pueden transmitir sus ideas de manera clara, concisa y persuasiva. Saben escuchar activamente a sus empleados y fomentar un ambiente de diálogo abierto y respetuoso.

Considera cómo puedes mejorar tus habilidades de comunicación verbal y no verbal, así como tu capacidad para escuchar y comprender las necesidades y preocupaciones de tu equipo. La capacidad para inspirar y motivar a otros también es una cualidad fundamental de un líder eficaz. Los líderes inspiradores tienen una visión clara del futuro y pueden comunicar esa visión de manera convincente, estimulando la pasión y el compromiso en su equipo.

Reflexiona sobre tus propias metas y aspiraciones, y cómo puedes articular una visión inspiradora que resuene con los valores y objetivos compartidos de tu equipo. La empatía es otra cualidad esencial en el liderazgo. Los líderes empáticos son sensibles a las necesidades y sentimientos de los demás, y pueden relacionarse y conectar emocionalmente con su equipo. Practica ponerse en el lugar de los demás y entender sus perspectivas y experiencias únicas.

Cultiva relaciones sólidas y auténticas con los miembros de tu equipo, demostrando empatía y comprensión en todo momento. La capacidad para tomar decisiones difíciles y asumir la responsabilidad también es crucial en el liderazgo. Los líderes deben estar dispuestos a enfrentar desafíos y tomar decisiones difíciles incluso en momentos de incertidumbre y presión.

Reflexiona sobre cómo puedes desarrollar tu capacidad para evaluar situaciones complejas, tomar decisiones informadas y asumir la responsabilidad de los resultados. Las cualidades clave de un líder son fundamentales para su éxito y el éxito de su equipo y organización. Al reflexionar sobre las cualidades que admiras en otros líderes, puedes identificar áreas de fortaleza y áreas de mejora en tu propio liderazgo. Comprométete a desarrollar estas cualidades a lo largo de tu carrera como líder, y verás cómo tu capacidad para influir, inspirar y guiar a otros hacia el éxito se fortalece y se expande con el tiempo.

Diferencias entre liderazgo y gestión.

Explorar las diferencias entre liderazgo y gestión es fundamental para comprender cómo cada rol contribuye de manera única al funcionamiento y éxito de una organización. Si bien ambos términos suelen utilizarse indistintamente, representan dos aspectos distintos pero complementarios del proceso de dirección. En su esencia, la gestión se centra en la coordinación y administración de recursos y procesos para alcanzar objetivos específicos dentro de un marco de tiempo determinado. Los gerentes son responsables de planificar, organizar, dirigir y controlar las actividades diarias de una organización para garantizar la eficiencia y el cumplimiento de metas y objetivos establecidos.

Por otro lado, el liderazgo se enfoca en inspirar, motivar y guiar a las personas hacia la consecución de una visión compartida. Los líderes son visionarios que articulan una dirección estratégica, fomentan la innovación y crean un ambiente de confianza y colaboración en el que los miembros del equipo puedan alcanzar su máximo potencial. Una diferencia fundamental entre liderazgo y gestión radica en el enfoque en las personas versus el enfoque en los procesos y sistemas.

Mientras que la gestión se centra en la eficiencia operativa y el cumplimiento de objetivos organizacionales, el liderazgo se enfoca en inspirar y empoderar a las personas para que den lo mejor de sí mismas y contribuyan al éxito de la organización de manera significativa. Otra diferencia clave es el horizonte temporal. Mientras que la gestión tiende a enfocarse en el corto plazo y en la ejecución de tareas y procesos inmediatos, el liderazgo tiene una perspectiva a largo plazo y se centra en la creación y ejecución de una visión atractiva y convincente que inspire a otros a seguir adelante.

Las responsabilidades de un gerente suelen ser más prescriptivas y definidas, con un enfoque en la supervisión y coordinación de actividades específicas, mientras que las responsabilidades de un líder son más fluidas y orientadas hacia el desarrollo de personas y la consecución de objetivos estratégicos a largo plazo.

A pesar de estas diferencias, es importante reconocer que liderazgo y gestión son dos caras de la misma moneda y pueden complementarse mutuamente en una organización efectiva. Mientras que los gerentes proporcionan la estructura y la estabilidad necesarias para el funcionamiento diario de la organización, los líderes inspiran y motivan a las personas a superar los límites y alcanzar nuevos niveles de excelencia.

Si bien existen diferencias significativas entre liderazgo y gestión en términos de enfoque, responsabilidades y horizonte temporal, ambos desempeñan roles críticos en el éxito de una organización. Reconocer y aprovechar las fortalezas de cada uno puede ayudar a crear un equipo directivo sólido y eficaz que pueda enfrentar los desafíos y aprovechar las oportunidades en un entorno empresarial en constante cambio.

Capítulo 2:
Estilos de liderazgo.

Liderazgo autocrático.

El liderazgo autocrático, caracterizado por la toma de decisiones centralizada y el control total por parte del líder, es un estilo de liderazgo que puede ser efectivo en ciertas circunstancias específicas. Si bien este enfoque puede parecer restrictivo y autoritario, hay situaciones en las que el liderazgo autocrático puede ser la opción más adecuada para abordar desafíos urgentes o situaciones de crisis donde se requiere una respuesta rápida y decisiva.

Imagina una empresa de tecnología que se enfrenta a un problema técnico grave que amenaza con afectar gravemente la entrega de un proyecto crucial para un cliente importante. En esta situación, el tiempo es esencial y la presión para resolver el problema de manera rápida y efectiva es inmensa. En tales circunstancias, un líder autocrático puede ser la opción más adecuada para tomar el control y dirigir el equipo hacia una solución rápida y eficiente. El líder autocrático asumiría el control total de la situación, tomando decisiones sin consultar al equipo y dirigiendo directamente las acciones a seguir.

Establecería un plan de acción claro y definiría roles y responsabilidades específicas para cada miembro del equipo. Al hacerlo, se eliminaría cualquier confusión o indecisión, lo que permitiría al equipo concentrarse completamente en resolver el problema sin distracciones. La dinámica del equipo bajo un liderazgo autocrático en esta situación sería altamente estructurada y orientada a la acción.

Los miembros del equipo seguirían las instrucciones del líder de manera disciplinada y ejecutarían las tareas asignadas con precisión y eficiencia. La comunicación sería principalmente unidireccional, con el líder proporcionando instrucciones claras y actualizaciones regulares sobre el progreso hacia la solución del problema. Si bien el liderazgo autocrático puede ser efectivo en situaciones de crisis o cuando se necesita una respuesta rápida y decisiva, también puede tener sus desventajas. Este estilo de liderazgo puede socavar la moral del equipo y generar resentimiento entre los miembros que pueden sentirse excluidos del proceso de toma de decisiones.

Además, la falta de participación y colaboración puede limitar la creatividad y la innovación, lo que podría afectar negativamente la calidad de las soluciones propuestas. Sin embargo, es importante reconocer que el liderazgo autocrático no es adecuado para todas las situaciones y no debe ser utilizado de manera indiscriminada. En entornos más estables y en situaciones donde se valora la participación y la creatividad del equipo, un enfoque más democrático o participativo puede ser más apropiado y efectivo para fomentar un ambiente de trabajo colaborativo y empoderado.

El liderazgo autocrático puede ser una opción efectiva en situaciones específicas donde se requiere una respuesta rápida y decisiva. En el ejemplo mencionado, el liderazgo autocrático permitiría al equipo abordar rápidamente el problema técnico y garantizar la entrega exitosa del proyecto al cliente.

Sin embargo, es importante tener en cuenta las limitaciones de este estilo de liderazgo y utilizarlo con precaución, reconociendo que cada situación requiere un enfoque de liderazgo único y adaptado a las circunstancias específicas.

Liderazgo democrático.

Imaginemos un escenario en el que estoy liderando un equipo y decido implementar un enfoque de liderazgo democrático en la toma de decisiones. Este enfoque se caracteriza por fomentar la participación activa de todos los miembros del equipo en el proceso de toma de decisiones, permitiendo que sus opiniones y contribuciones sean escuchadas y tenidas en cuenta antes de llegar a una conclusión final.

Para implementar con éxito un enfoque de liderazgo democrático, lo primero que haría sería establecer un ambiente de trabajo inclusivo y de confianza donde todos los miembros del equipo se sientan cómodos expresando sus ideas y opiniones sin temor a represalias o juicio. Esto requeriría establecer una comunicación abierta y transparente desde el principio, donde se fomente el respeto mutuo y se valore la diversidad de perspectivas.

Una vez establecido este ambiente de trabajo, involucraría a los miembros del equipo en el proceso de toma de decisiones desde el principio. En lugar de imponer mis propias ideas o decisiones de manera unilateral, animaría a todos los miembros del equipo a contribuir con sus conocimientos, experiencias y puntos de vista sobre el tema en cuestión. Esto podría lograrse a través de reuniones de equipo regulares, sesiones de lluvia de ideas y debates abiertos donde se fomenta el intercambio de ideas y la colaboración.

Esto, proporcionaría a los miembros del equipo la información y los recursos necesarios para tomar decisiones informadas y fundamentadas. Esto podría implicar compartir datos relevantes, investigaciones previas o cualquier otra información pertinente que pueda ayudar al equipo a comprender completamente el alcance y las implicaciones de las decisiones que se están considerando. A medida que se desarrolla el proceso de toma de decisiones, actuaría como un facilitador y un mediador, asegurándome de que todas las voces sean escuchadas y de que se llegue a un consenso de equipo.

Esto podría implicar moderar discusiones, resolver conflictos y ayudar al equipo a llegar a compromisos cuando surjan diferencias de opinión. Una vez que se haya alcanzado un consenso de equipo, me aseguraría de que todas las decisiones sean comunicadas de manera clara y transparente a todos los miembros del equipo. Esto ayudaría a garantizar que todos estén alineados y comprometidos con las decisiones tomadas, lo que promovería una mayor cohesión y colaboración en el equipo. Para fomentar aún más la participación de todos los miembros del equipo, establecería un sistema de retroalimentación y revisión continua donde se anima a los miembros del equipo a compartir sus opiniones y sugerencias sobre cómo mejorar el proceso de toma de decisiones en el futuro.

Esto podría implicar la realización de encuestas de satisfacción del equipo, reuniones de retroalimentación periódicas o cualquier otro mecanismo que permita a los miembros del equipo expresar sus pensamientos y sentimientos de manera constructiva.

Implementar un enfoque de liderazgo democrático en la toma de decisiones en un equipo requiere establecer un ambiente de trabajo inclusivo y de confianza, fomentar la participación activa de todos los miembros del equipo y facilitar un proceso de toma de decisiones transparente y colaborativo. Al hacerlo, se puede aprovechar el conocimiento colectivo y la experiencia del equipo para tomar decisiones más informadas y efectivas, lo que promoverá una mayor cohesión y éxito en el equipo en general.

Liderazgo transformacional.

El liderazgo transformacional es un estilo de liderazgo que va más allá de simplemente administrar y dirigir equipos. Se centra en inspirar y motivar a los seguidores para alcanzar metas más altas y crear un cambio positivo en su entorno. A lo largo de la historia, ha habido numerosos ejemplos de líderes transformacionales cuyo impacto perdura a través del tiempo, inspirando a generaciones enteras y dejando un legado perdurable de cambio y progreso.

Uno de los ejemplos más destacados de liderazgo transformacional es el de Mahatma Gandhi.

Gandhi fue un líder indio que condujo al país a la independencia del dominio británico a través de la resistencia no violenta y la desobediencia civil. Su enfoque en la resistencia pacífica y su dedicación a la causa de la justicia social inspiraron a millones de personas en India y en todo el mundo a unirse a su lucha por la libertad y la igualdad. Gandhi logró motivar a sus seguidores hacia un objetivo común mediante la conexión emocional con sus valores y principios, y su capacidad para movilizar a las masas de manera pacífica y determinada.

Otro ejemplo destacado de liderazgo transformacional es el de Nelson Mandela. Mandela fue un líder sudafricano que luchó contra el régimen del apartheid y abogó por la igualdad racial y la reconciliación en su país. A pesar de pasar 27 años en prisión, Mandela nunca perdió la fe en su visión de una Sudáfrica libre y democrática. Su resistencia y determinación inspiraron a personas de todas las razas y clases sociales a unirse en la lucha contra la injusticia y la opresión. Mandela logró unir a su nación dividida hacia un objetivo común de paz y reconciliación, estableciendo un ejemplo duradero de liderazgo transformacional en la historia.

En el ámbito empresarial, Steve Jobs es ampliamente reconocido como un líder transformacional que revolucionó la industria de la tecnología con su visión innovadora y su enfoque apasionado.

Como cofundador de Apple Inc., Jobs lideró la compañía hacia el éxito con productos icónicos como el iPhone y el iPad. Su estilo de liderazgo visionario y su capacidad para inspirar a su equipo hacia la excelencia contribuyeron en gran medida al éxito de Apple como una de las empresas más innovadoras del mundo. Jobs logró motivar a sus seguidores hacia un objetivo común de crear productos revolucionarios que cambiaran la forma en que vivimos y trabajamos, dejando un legado perdurable en el mundo de la tecnología y los negocios.

En cada uno de estos ejemplos, los líderes transformacionales demostraron la capacidad de inspirar y motivar a sus seguidores hacia un objetivo común mediante la articulación de una visión convincente y la adopción de un enfoque apasionado y determinado. Su liderazgo trascendió las fronteras y las barreras, uniendo a personas de diferentes orígenes y perspectivas en la búsqueda de un cambio positivo y significativo en sus comunidades y en el mundo en general.

El liderazgo transformacional se basa en la capacidad de los líderes para generar un cambio significativo en sus seguidores, inspirándolos a superar los límites y alcanzar su máximo potencial. Al enfocarse en una visión compartida y movilizar a las personas hacia un objetivo común, los líderes transformacionales pueden crear un impacto perdurable que trasciende las limitaciones del tiempo y el espacio.

El liderazgo transformacional es un poderoso catalizador para el cambio positivo y el progreso en todas las áreas de la vida, dejando un legado perdurable de inspiración y motivación para las generaciones futuras.

Liderazgo situacional.

El liderazgo situacional es un enfoque dinámico que reconoce que no existe un estilo de liderazgo único que sea efectivo en todas las situaciones. En cambio, implica adaptar el estilo de liderazgo a las necesidades específicas y las habilidades individuales de los miembros del equipo, así como a las demandas cambiantes del entorno y las circunstancias. Para ilustrar cómo adaptaría mi estilo de liderazgo según las necesidades y habilidades individuales de los miembros de mi equipo en diferentes situaciones, consideraré varios escenarios hipotéticos y cómo abordaría cada uno de ellos:

Situación 1: Nuevo miembro del equipo con poca experiencia: Si un nuevo miembro se une al equipo con poca experiencia en el campo o en la organización, adoptaría un estilo de liderazgo más directivo al principio. Proporcionaría una orientación clara, instrucciones detalladas y supervisión cercana para ayudar al nuevo miembro a familiarizarse con sus responsabilidades y el entorno de trabajo. A medida que adquiera más experiencia y confianza, gradualmente pasaría a un estilo más delegativo, dándole más autonomía y responsabilidad.

Situación 2: Proyecto complejo y urgente: En un proyecto complejo y urgente donde se requiere una rápida toma de decisiones y acción, adoptaría un enfoque más autoritario o directivo. Asignaría roles y responsabilidades claras, establecería plazos y expectativas claras, y tomaría decisiones de manera rápida y decisiva para mantener el proyecto en marcha. Sin embargo, seguiría siendo receptivo a las ideas y aportaciones del equipo para garantizar la efectividad y la eficiencia en la ejecución del proyecto.

Situación 3: Conflicto entre miembros del equipo: Si surgiera un conflicto entre miembros del equipo, adoptaría un estilo de liderazgo más facilitador y de resolución de problemas. Escucharía las preocupaciones de ambas partes de manera imparcial, facilitaría una discusión abierta y constructiva para identificar las causas subyacentes del conflicto, y trabajaríamos juntos para encontrar una solución mutuamente beneficios, esto reforzaría la importancia de la colaboración y el trabajo en equipo para superar los desafíos y lograr nuestros objetivos comunes.

Situación 4: Miembro del equipo altamente motivado y competente: Si tengo un miembro del equipo altamente motivado y competente, adoptaría un estilo de liderazgo más delegativo o de apoyo. Reconocería sus habilidades y fortalezas, y le daría la libertad y la autonomía para tomar decisiones y liderar iniciativas dentro del equipo. Actuaría como un mentor y un recurso de apoyo, proporcionando orientación y retroalimentación cuando sea necesario, pero permitiendo que el miembro del equipo tome la iniciativa y ejerza su liderazgo de manera efectiva.

En cada uno de estos escenarios, mi objetivo sería adaptar mi estilo de liderazgo para satisfacer las necesidades individuales y las habilidades del equipo, así como las demandas específicas de la situación. Reconozco que no hay un enfoque único que sea efectivo en todas las circunstancias, por lo que estoy dispuesto a ser flexible y ajustar mi estilo de liderazgo según sea necesario para maximizar el rendimiento y el éxito del equipo en general.

El liderazgo situacional implica adaptar el estilo de liderazgo a las necesidades individuales y las habilidades del equipo, así como a las demandas cambiantes del entorno y las circunstancias. Al ser consciente de las diferencias individuales y las situaciones únicas, puedo aprovechar al máximo el potencial del equipo y guiarlo hacia el logro de nuestros objetivos comunes.

Enfoques contemporáneos en el liderazgo.

Los enfoques contemporáneos en el liderazgo reflejan las cambiantes dinámicas del entorno empresarial y las nuevas expectativas de los líderes en el siglo XXI. Estos enfoques se centran en desarrollar habilidades adaptativas y estratégicas para liderar equipos de manera efectiva en un mundo cada vez más complejo y diverso. Vamos a explorar algunos de los principales enfoques contemporáneos en el liderazgo y cómo están influyendo en la práctica actual:

Liderazgo transformacional: Este enfoque se centra en inspirar y motivar a los seguidores para alcanzar niveles más altos de desempeño y logro. Los líderes transformacionales articulan una visión inspiradora, fomentan la innovación y el cambio, y crean un ambiente de trabajo colaborativo y empoderado. Ejemplos de líderes transformacionales incluyen a Nelson Mandela, quien inspiró a todo un país hacia la reconciliación y el cambio positivo, y a Steve Jobs, quien transformó la industria tecnológica con su visión audaz y su enfoque innovador.

Liderazgo auténtico: Este enfoque se centra en la autenticidad, la transparencia y la integridad del líder. Los líderes auténticos son genuinos en sus acciones y comunicaciones, y actúan de acuerdo con sus valores y creencias fundamentales. Fomentan relaciones de confianza y respeto mutuo con sus seguidores, lo que promueve un sentido de pertenencia y compromiso en el equipo. Ejemplos de líderes auténticos incluyen a Michelle Obama, quien ha sido elogiada por su autenticidad y empatía, y a Warren Buffett, cuya honestidad y franqueza han sido fundamentales para su éxito en los negocios.

Liderazgo situacional: Este enfoque reconoce que no existe un estilo de liderazgo único que sea efectivo en todas las situaciones. En cambio, los líderes deben adaptar su estilo de liderazgo según las necesidades y habilidades individuales de los miembros del equipo, así como las demandas cambiantes del entorno y las circunstancias. Este enfoque fomenta la flexibilidad y la adaptabilidad en el liderazgo, lo que permite a los líderes responder de manera efectiva a una variedad de situaciones y desafíos. Ejemplos de líderes situacionales incluyen a Jeff Bezos, quien ha demostrado una capacidad única para adaptarse y evolucionar en un entorno empresarial en constante cambio, y a Angela Merkel, quien ha demostrado habilidades de liderazgo situacional al enfrentarse a crisis y desafíos complejos en la política europea.

Liderazgo de servicio: Este enfoque se centra en poner las necesidades y el bienestar de los seguidores en primer lugar. Los líderes de servicio se preocupan por el desarrollo y el crecimiento personal y profesional de sus seguidores, y trabajan activamente para apoyarlos y empoderarlos para alcanzar su máximo potencial. Este enfoque promueve una cultura de colaboración, empatía y cuidado en el lugar de trabajo, lo que contribuye a un clima laboral positivo y productivo. Ejemplos de líderes de servicio incluyen a Martin Luther King, cuya dedicación al servicio y al bienestar de los demás inspiró un movimiento nacional de resistencia pacífica en Estados Unidos, y a Howard Schultz, cuyo enfoque en el bienestar de los empleados y las comunidades ha sido fundamental para el éxito de Starbucks.

Liderazgo adaptativo: Este enfoque se centra en desarrollar la capacidad de los líderes para adaptarse y responder de manera efectiva a los desafíos y cambios rápidos en el entorno empresarial. Los líderes adaptativos son ágiles y flexibles en su pensamiento y acción, y pueden liderar con éxito en situaciones de incertidumbre y complejidad. Este enfoque promueve la innovación, la resiliencia y la capacidad de aprendizaje continuo en el liderazgo. Ejemplos de líderes adaptativos incluyen líderes, cuya capacidad para innovar y pivotar rápidamente ha sido fundamental para el éxito de sus empresas, quienes demostraron un liderazgo adaptable y resiliente al enfrentarse a desafíos como la pandemia de COVID-19.

Los enfoques contemporáneos en el liderazgo reflejan la evolución de las expectativas de los líderes en el siglo XXI. Estos enfoques se centran en desarrollar habilidades adaptativas y estratégicas para liderar equipos de manera efectiva en un mundo cada vez más complejo y diverso. Al comprender y aplicar estos enfoques, los líderes pueden inspirar, motivar y guiar a sus equipos hacia el éxito en un entorno empresarial en constante cambio.

Capítulo 3:
Comunicación efectiva.

Importancia de la comunicación en el liderazgo.

La importancia de la comunicación en el liderazgo no puede subestimarse; es el pegamento que une a un equipo y el catalizador que impulsa la productividad y el compromiso. Reflexionar sobre cómo una comunicación clara y efectiva puede influir en la productividad y el compromiso de mi equipo es esencial para desarrollar un liderazgo efectivo y fortalecer las relaciones dentro del grupo.

En primer lugar, una comunicación clara y efectiva establece expectativas claras y alinea a todos los miembros del equipo con los objetivos y metas comunes. Cuando los líderes comunican claramente lo que se espera de cada miembro del equipo y cómo su trabajo contribuye a los objetivos generales de la organización, se reduce la confusión y se fomenta un sentido de propósito compartido. Los miembros del equipo comprenden su papel y responsabilidades, lo que les permite trabajar de manera más efectiva y enfocada hacia el logro de los objetivos establecidos.

Una comunicación clara y efectiva fomenta la transparencia y la confianza dentro del equipo. Cuando los líderes comparten información abierta y honestamente, se construye una cultura de confianza y colaboración donde los miembros del equipo se sienten valorados y respetados. Esto crea un ambiente de trabajo positivo donde se pueden abordar los problemas abiertamente y trabajar juntos para encontrar soluciones, en lugar de esconder problemas o preocupaciones por temor a represalias. La comunicación clara y efectiva también promueve la resolución de conflictos de manera constructiva.

Cuando surgen desacuerdos o malentendidos dentro del equipo, una comunicación abierta y honesta permite abordar los problemas de manera rápida y efectiva antes de que escalen. Los líderes pueden facilitar conversaciones abiertas y respetuosas donde se escuchen todas las perspectivas y se llegue a un compromiso mutuo. Esto evita que los conflictos se prolonguen o se conviertan en problemas más graves que puedan afectar la productividad y el compromiso del equipo.

Una comunicación clara y efectiva fomenta un ambiente de trabajo colaborativo y creativo. Cuando los líderes animan a los miembros del equipo a compartir ideas y contribuciones, se promueve la innovación y se generan nuevas soluciones a los desafíos empresariales. Los líderes pueden crear espacios seguros donde se valore la diversidad de pensamiento y se fomente la colaboración entre diferentes perspectivas y habilidades. Esto puede conducir a resultados más innovadores y eficaces que beneficien a toda la organización.

Por último, una comunicación clara y efectiva es esencial para mantener el compromiso y la motivación del equipo a largo plazo. Cuando los líderes se comunican regularmente con los miembros del equipo, brindan retroalimentación constructiva y reconocen el buen trabajo, se refuerza el sentido de valía y pertenencia de los empleados. Esto aumenta la moral y la motivación, lo que se traduce en una mayor productividad y un menor índice de rotación de personal. Además, una comunicación abierta y honesta durante los momentos difíciles, como los cambios organizativos o los períodos de incertidumbre, ayuda a mantener la confianza y el compromiso del equipo incluso en tiempos de desafío.

La comunicación clara y efectiva es un pilar fundamental del liderazgo efectivo. Cuando los líderes se comunican de manera clara y abierta con su equipo, establecen expectativas claras, fomentan la confianza y la colaboración, resuelven conflictos de manera constructiva, promueven la innovación y mantienen el compromiso y la motivación del equipo a largo plazo. Al reflexionar sobre cómo una comunicación clara y efectiva puede influir en la productividad y el compromiso del equipo, los líderes pueden mejorar su capacidad para liderar de manera efectiva y fortalecer las relaciones dentro del grupo.

Habilidades de comunicación verbal.

Las habilidades de comunicación verbal son fundamentales para el liderazgo efectivo, ya que afectan la forma en que nos relacionamos, influimos y nos conectamos con los demás en el entorno laboral. Estas habilidades se dividen en tres componentes principales: escuchar, hablar y hacer preguntas efectivas.

Escuchar: El arte de escuchar activamente es una habilidad crucial para cualquier líder. Escuchar va más allá de simplemente oír las palabras de los demás; implica comprender, procesar y responder de manera adecuada a lo que se está diciendo. Para ser un buen oyente, es importante estar completamente presente en la conversación, mostrando interés genuino en lo que el otro tiene que decir. Esto significa eliminar las distracciones, como teléfonos o correos electrónicos, y enfocarse completamente en la persona que habla. Además, es importante mostrar empatía y comprensión al escuchar, reflejando las emociones y preocupaciones del hablante para demostrar que sus palabras han sido entendidas. Practicar la escucha activa fortalece las relaciones, fomenta la confianza y promueve una cultura de apertura y colaboración en el equipo.

Hablar: La habilidad de expresarse de manera clara, concisa y efectiva es esencial para cualquier líder. Al hablar, es importante transmitir el mensaje de manera clara y sin ambigüedades, utilizando un lenguaje claro y fácil de entender. Además, es crucial adaptar el tono y el estilo de comunicación al público objetivo, asegurándose de ser claro y apropiado para la situación. Por ejemplo, en situaciones formales, como reuniones de alto nivel o presentaciones públicas, es importante utilizar un lenguaje profesional y mantener una postura segura y confiada. En cambio, en conversaciones más informales o uno a uno, es útil ser más relajado y accesible, fomentando un ambiente de confianza y camaradería. Practicar la comunicación verbal efectiva ayuda a transmitir mensajes con claridad y persuasión, lo que facilita la comprensión y el compromiso por parte del equipo.

Hacer preguntas efectivas: Formular preguntas abiertas, relevantes y claras es una habilidad clave para cualquier líder. Las preguntas efectivas fomentan la reflexión, la exploración y el diálogo, lo que lleva a una comprensión más profunda y a la generación de nuevas ideas y soluciones. Al formular preguntas, es importante ser claro y específico sobre lo que se está preguntando, evitando preguntas ambiguas o confusas que puedan generar malentendidos. Además, es útil utilizar preguntas abiertas que fomenten la reflexión y la expresión de ideas y opiniones, en lugar de preguntas cerradas que solo requieran respuestas cortas y simples.

Por ejemplo, en lugar de preguntar "¿Estás de acuerdo con esta idea?", se puede preguntar "¿Qué piensas de esta idea y cómo crees que podríamos mejorarla?". Practicar la formulación de preguntas efectivas fomenta un diálogo más profundo y significativo, lo que lleva a una mejor toma de decisiones y resolución de problemas en el equipo.

Las habilidades de comunicación verbal son fundamentales para el liderazgo efectivo. Practicar la escucha activa, hablar con claridad y hacer preguntas efectivas son componentes clave para establecer relaciones sólidas, promover la comprensión mutua y facilitar la colaboración y el compromiso en el equipo. Al desarrollar estas habilidades, los líderes pueden mejorar su capacidad para comunicarse de manera efectiva y liderar con éxito a sus equipos hacia el logro de objetivos comunes.

Habilidades de comunicación no verbal.

Las habilidades de comunicación no verbal son tan cruciales como las habilidades verbales en el contexto del liderazgo. Nuestro lenguaje corporal, expresiones faciales, gestos y postura pueden comunicar tanto, e incluso más, que nuestras palabras. Realizar ejercicios para mejorar estas habilidades puede tener un impacto significativo en cómo somos percibidos como líderes por los demás.

Uno de los ejercicios más básicos para mejorar el lenguaje corporal es la práctica de la postura adecuada. Mantener una postura erguida y abierta transmite confianza y autoridad. Además, evita cruzar los brazos sobre el pecho, ya que esto puede percibirse como una actitud defensiva o cerrada. Practicar la postura adecuada durante las reuniones y conversaciones importantes puede hacer que los demás perciban al líder como seguro de sí mismo y digno de confianza.

Otro ejercicio útil es practicar el contacto visual. Mantener contacto visual con las personas a las que se habla transmite interés y atención. Sin embargo, es importante no exagerar y mantener un contacto visual natural y cómodo. Evitar mirar constantemente hacia abajo o hacia los lados, ya que esto puede interpretarse como falta de confianza o evasión. Al practicar el contacto visual, se puede mejorar la conexión y la empatía con los demás, lo que fortalece las relaciones de liderazgo.

La expresión facial también juega un papel crucial en la comunicación no verbal. Practicar expresiones faciales genuinas y adecuadas puede ayudar a transmitir emociones y sentimientos de manera efectiva. Por ejemplo, sonreír genuinamente durante una conversación puede hacer que los demás se sientan más cómodos y relajados, mientras que fruncir el ceño o mostrar expresiones de frustración pueden enviar señales negativas y crear tensiones. Al practicar expresiones faciales positivas y apropiadas, se puede mejorar la capacidad de influir y motivar a los demás como líder.

Los gestos también son una parte importante de la comunicación no verbal. Practicar gestos abiertos y expansivos puede transmitir confianza y entusiasmo, mientras que los gestos cerrados o restringidos pueden percibirse como falta de interés o compromiso. Por ejemplo, gesticular con las manos mientras se habla puede enfatizar puntos importantes y mantener el interés del público. Sin embargo, es importante no exagerar y mantener los gestos proporcionales al mensaje y al entorno. Al practicar gestos apropiados y efectivos, se puede mejorar la claridad y la persuasión en la comunicación como líder.

De estos ejercicios prácticos, también es importante observar cómo el lenguaje corporal impacta en la percepción de nuestro liderazgo por parte de los demás. Esto puede hacerse solicitando retroalimentación a colegas de confianza o grabando sesiones de presentación o reuniones para revisar más tarde.

Observar nuestro propio lenguaje corporal en acción nos brinda una perspectiva invaluable sobre cómo somos percibidos por los demás y nos permite identificar áreas de mejora.

Por ejemplo, podemos notar si estamos mostrando signos de nerviosismo o falta de confianza, como tambalearse, evitar el contacto visual o jugar con los dedos. También podemos observar si nuestros gestos y expresiones faciales están alineados con nuestro mensaje y tono de voz, o si están enviando señales contradictorias. Al identificar estos patrones y comportamientos, podemos tomar medidas para ajustar nuestro lenguaje corporal y mejorar nuestra efectividad como líderes.

Mejorar las habilidades de comunicación no verbal es esencial para el éxito del liderazgo. Practicar ejercicios para mejorar el lenguaje corporal, como la postura adecuada, el contacto visual, las expresiones faciales y los gestos, puede tener un impacto significativo en cómo somos percibidos por los demás. Además, observar cómo nuestro lenguaje corporal impacta en la percepción de nuestro liderazgo por parte de los demás nos brinda una retroalimentación valiosa y nos permite ajustar nuestro comportamiento para mejorar nuestra efectividad como líderes.

Comunicación en situaciones difíciles.

La comunicación en situaciones difíciles es una habilidad fundamental para cualquier líder. En el entorno empresarial, es inevitable que surjan conflictos y situaciones que requieran retroalimentación constructiva. Desarrollar estrategias efectivas para manejar estas situaciones puede marcar la diferencia entre un equipo que se desmorona bajo la presión y uno que se fortalece a través de la adversidad. Una de las estrategias clave para manejar situaciones difíciles es la capacidad de dar retroalimentación constructiva.

Esto implica comunicar de manera clara y respetuosa las áreas de mejora o preocupaciones en el desempeño de un miembro del equipo. Al dar retroalimentación constructiva, es importante enfocarse en el comportamiento específico en lugar de atacar la personalidad o el carácter de la persona. Por ejemplo, en lugar de decir "Eres desorganizado", se puede decir "He notado que has tenido dificultades para mantener tus tareas al día últimamente". Además, es importante proporcionar ejemplos concretos y sugerir soluciones o mejoras específicas para abordar el problema.

Por ejemplo, se puede ofrecer orientación sobre cómo mejorar la organización personal, como establecer listas de tareas o priorizar las tareas más importantes. Otra estrategia importante para manejar situaciones difíciles es la capacidad de escuchar activamente. Esto implica prestar atención completa a lo que la otra persona está diciendo, sin interrumpir ni juzgar prematuramente.

Al escuchar activamente, se muestra respeto y empatía hacia las preocupaciones y perspectivas de los demás, lo que puede ayudar a reducir la tensión y abrir la puerta a una comunicación más abierta y constructiva. Además, hacer preguntas abiertas y reflexivas puede ayudar a profundizar en la comprensión de los problemas y encontrar soluciones mutuamente satisfactorias. Por ejemplo, se puede preguntar "¿Puedes explicarme más sobre lo que estás experimentando?" o "¿Qué soluciones sugerirías para abordar este problema?".

Otra estrategia efectiva para manejar situaciones difíciles es mantener la calma y el control emocional. Es natural sentirse frustrado o molesto en situaciones conflictivas, pero reaccionar con ira o agresión solo empeora la situación y dificulta la resolución del problema. En lugar de eso, es importante mantener la compostura y responder de manera calmada y profesional. Esto ayuda a mantener un ambiente de trabajo positivo y productivo, y muestra liderazgo y madurez frente a los desafíos.

Además, es útil adoptar un enfoque colaborativo para resolver conflictos. En lugar de ver el conflicto como una batalla que debe ganarse, es más productivo buscar soluciones mutuamente beneficiosas que satisfagan las necesidades y preocupaciones de todas las partes involucradas. Esto puede implicar la búsqueda de compromisos o la exploración de nuevas ideas y enfoques para abordar el problema. Al trabajar juntos para encontrar soluciones, se fortalecen las relaciones y se construye un sentido de confianza y camaradería en el equipo.

Es importante recordar que el objetivo de manejar situaciones difíciles no es simplemente resolver el problema inmediato, sino también construir relaciones más fuertes y duraderas en el equipo. Al abordar los conflictos de manera efectiva y dar retroalimentación constructiva, se demuestra compromiso con el crecimiento y el desarrollo personal y profesional de los miembros del equipo. Esto crea un ambiente de trabajo positivo y de apoyo donde los empleados se sienten valorados y motivados para contribuir al éxito de la organización.

Manejar situaciones difíciles requiere habilidades de comunicación efectivas, incluyendo dar retroalimentación constructiva, escuchar activamente, mantener la calma y el control emocional, y adoptar un enfoque colaborativo para resolver conflictos. Al desarrollar y aplicar estas estrategias, los líderes pueden fortalecer las relaciones en el equipo, promover un ambiente de trabajo positivo y productivo, y mejorar el rendimiento y el éxito general de la organización.

Capítulo 4:
Gestión de equipos.

Formación de equipos efectivos.

La formación de equipos efectivos es un proceso fundamental para cualquier líder que busca alcanzar los objetivos organizacionales de manera exitosa. Imaginar cómo construirías un equipo diverso pero cohesionado, teniendo en cuenta las habilidades y personalidades de cada miembro, implica un enfoque estratégico y comprensivo que considera tanto las necesidades de la organización como las dinámicas interpersonales dentro del equipo.

En primer lugar, es importante reconocer la importancia de la diversidad en el equipo. La diversidad no solo se refiere a diferencias demográficas como género, etnia o edad, sino también a la diversidad de habilidades, experiencias y perspectivas. Al reunir a individuos con diversos antecedentes y puntos de vista, se enriquece el proceso de toma de decisiones, se fomenta la creatividad y se promueve la innovación.

Para construir un equipo diverso pero cohesionado, es crucial identificar las habilidades y fortalezas individuales de cada miembro y cómo se complementan entre sí. Esto implica realizar una evaluación detallada de las habilidades técnicas, habilidades interpersonales y estilos de trabajo de cada individuo. Por ejemplo, algunos miembros del equipo pueden destacarse en el análisis de datos y la resolución de problemas, mientras que otros pueden ser excelentes comunicadores y líderes naturales.

Al entender las habilidades y personalidades de cada miembro, se puede asignar roles y responsabilidades de manera estratégica para maximizar el rendimiento del equipo en su conjunto. Además, es importante tener en cuenta la dinámica interpersonal dentro del equipo al construir equipos cohesionados. Esto implica considerar las preferencias de trabajo de cada individuo, así como su capacidad para colaborar y trabajar en equipo. Algunas personas pueden preferir trabajar de forma independiente y tener un estilo de comunicación más reservado, mientras que otras pueden prosperar en entornos colaborativos y tener una personalidad más extrovertida.

Al equilibrar las necesidades individuales con los objetivos del equipo, se puede crear un ambiente de trabajo inclusivo y colaborativo donde cada miembro se sienta valorado y motivado para contribuir al éxito colectivo. Una estrategia efectiva para construir equipos cohesionados es fomentar la confianza y la camaradería entre los miembros del equipo. Esto se puede lograr a través de actividades de construcción de equipos, como retiros, actividades recreativas o proyectos colaborativos fuera del entorno laboral tradicional.

Estas actividades no solo ayudan a fortalecer las relaciones entre los miembros del equipo, sino que también fomentan un sentido de pertenencia y compromiso compartido con los objetivos del equipo y la organización en su conjunto. Además, es importante establecer expectativas claras y transparentes para el equipo desde el principio. Esto incluye definir claramente los objetivos del equipo, los roles y responsabilidades de cada miembro y desempeño.

Al tener un entendimiento común de lo que se espera de ellos, los miembros del equipo pueden trabajar de manera más efectiva y colaborativa hacia el logro de sus metas compartidas. Es crucial también fomentar una cultura de comunicación abierta y honesta dentro del equipo. Esto implica crear un ambiente donde los miembros se sientan cómodos expresando sus ideas, preocupaciones y sugerencias de manera constructiva. Al promover una cultura de retroalimentación continua, se fomenta el aprendizaje y la mejora constante dentro del equipo, lo que contribuye a su cohesión y éxito a largo plazo.

Finalmente, es importante que el líder del equipo asuma un papel activo y de apoyo en la formación y desarrollo del equipo. Esto implica proporcionar orientación y mentoría individualizada, reconocer y celebrar los logros del equipo, y abordar cualquier conflicto o desafío que pueda surgir de manera rápida y efectiva. Al liderar con empatía y comprensión, se fortalece la conexión entre el líder y los miembros del equipo, lo que contribuye a la cohesión y el rendimiento general del equipo.

Construir un equipo diverso pero cohesionado requiere un enfoque estratégico y comprensivo que tenga en cuenta las habilidades y personalidades de cada miembro, así como las dinámicas interpersonales dentro del equipo. Al identificar y capitalizar las fortalezas individuales, fomentar la confianza y la comunicación, establecer expectativas claras y proporcionar apoyo continuo, los líderes pueden crear equipos altamente efectivos que estén bien posicionados para alcanzar el éxito en cualquier desafío que enfrenten.

Delegación de tareas y empoderamiento del equipo.

La delegación de tareas y el empoderamiento del equipo son dos aspectos cruciales del liderazgo efectivo. La capacidad de asignar responsabilidades de manera estratégica y brindar el apoyo necesario para que los miembros del equipo tengan éxito no solo libera tiempo y recursos para el líder, sino que también fomenta el crecimiento y desarrollo profesional de los empleados, fortaleciendo así el equipo en su conjunto.

Para delegar responsabilidades de manera efectiva, es importante comenzar por comprender las fortalezas, habilidades y capacidades individuales de cada miembro del equipo. Esto implica realizar una evaluación honesta y detallada de las habilidades técnicas, habilidades interpersonales y experiencia previa de cada individuo. Al comprender las fortalezas y limitaciones de cada miembro, el líder puede asignar tareas de manera estratégica, asegurándose de que cada tarea esté alineada con las habilidades y capacidades de la persona asignada.

Además, es importante establecer expectativas claras y realistas para cada tarea delegada. Esto incluye definir claramente los objetivos y resultados esperados, los plazos de entrega y cualquier recurso o apoyo adicional que pueda necesitar el miembro del equipo para completar la tarea con éxito. Al establecer expectativas claras desde el principio, se reduce la posibilidad de malentendidos o errores y se aumenta la probabilidad de éxito.

Una vez que se han asignado las responsabilidades, es crucial brindar el apoyo necesario para que los miembros del equipo tengan éxito. Esto puede incluir proporcionar recursos y herramientas adecuadas, como capacitación, orientación o acceso a información y expertos relevantes. Además, es importante estar disponible para responder preguntas, brindar retroalimentación y ofrecer orientación adicional según sea necesario. Al proporcionar un ambiente de apoyo y confianza, se empodera a los miembros del equipo para asumir la responsabilidad de sus tareas y tomar decisiones informadas para lograr los objetivos establecidos.

Es importante también fomentar un ambiente de trabajo colaborativo donde los miembros del equipo se sientan seguros de compartir ideas, resolver problemas y buscar ayuda cuando sea necesario. Esto puede implicar fomentar la comunicación abierta y la colaboración entre los miembros del equipo, así como reconocer y celebrar los logros individuales y colectivos.

Al crear un ambiente de trabajo positivo y de apoyo, se fortalece el sentido de pertenencia y compromiso del equipo, lo que contribuye a su éxito general. Además, es importante seguir monitoreando el progreso y el desempeño de los miembros del equipo a medida que completan sus tareas asignadas. Esto puede implicar programar reuniones de seguimiento regulares para revisar el progreso, abordar cualquier problema o desafío que surja y proporcionar orientación adicional según sea necesario.

Al mantenerse informado sobre el progreso del equipo, el líder puede identificar áreas de oportunidad para brindar apoyo adicional y garantizar que el equipo esté encaminado hacia el logro de sus objetivos.

Por último, es crucial reconocer y celebrar los logros y éxitos del equipo. Esto puede incluir reconocer públicamente el trabajo bien hecho, ofrecer recompensas o incentivos para el rendimiento excepcional, y brindar oportunidades de crecimiento y desarrollo profesional para aquellos que demuestren un compromiso y un desempeño sobresalientes. Al reconocer y recompensar el esfuerzo y la dedicación del equipo, se refuerza el sentido de valía y motivación de los miembros del equipo, lo que contribuye a su satisfacción laboral y retención a largo plazo.

La delegación de tareas y el empoderamiento del equipo son aspectos fundamentales del liderazgo efectivo. Al asignar responsabilidades de manera estratégica y brindar el apoyo necesario para que los miembros del equipo tengan éxito, se libera tiempo y recursos para el líder, se fomenta el crecimiento y desarrollo profesional de los empleados, y se fortalece el equipo en su conjunto.

Al establecer expectativas claras, proporcionar recursos y apoyo, fomentar la colaboración y el reconocimiento, y monitorear el progreso y el desempeño del equipo, el líder puede crear un ambiente de trabajo positivo y productivo donde los miembros del equipo se sientan valorados, motivados y capacitados para alcanzar el éxito.

Motivación de los miembros del equipo.

La motivación de los miembros del equipo es esencial para alcanzar el éxito en cualquier empresa. Un equipo motivado y comprometido no solo es más productivo, sino que también está más dispuesto a enfrentar desafíos y trabajar juntos para alcanzar los objetivos comunes. Desarrollar un plan efectivo para reconocer y recompensar los logros del equipo puede tener un impacto significativo en su motivación y compromiso.

El primer paso en el desarrollo de un plan de reconocimiento y recompensas es identificar los logros y comportamientos que se desea fomentar en el equipo. Esto puede incluir el logro de objetivos específicos, la superación de desafíos, la colaboración efectiva, la innovación o cualquier otra contribución significativa al éxito del equipo y la organización en su conjunto. Al establecer criterios claros y específicos para el reconocimiento y las recompensas, se brinda una guía clara sobre qué se valora y se espera de los miembros del equipo.

Una vez establecidos los criterios de reconocimiento y recompensa, es importante seleccionar las formas adecuadas de reconocimiento y recompensa que sean significativas y motivadoras para el equipo. Esto puede incluir el reconocimiento público en reuniones de equipo o en comunicaciones internas, el otorgamiento de premios tangibles como bonificaciones o regalos, o el desarrollo de oportunidades de crecimiento y desarrollo profesional, como ascensos o capacitaciones especiales.

Al adaptar las formas de reconocimiento y recompensa a las preferencias individuales y las necesidades del equipo, se aumenta su impacto y efectividad en la motivación y el compromiso. Además de las formas tangibles de reconocimiento y recompensa, es importante tener en cuenta la importancia del reconocimiento verbal y el elogio sincero. Un simple "gracias" o "buen trabajo" puede tener un impacto significativo en la motivación y la moral del equipo, reconociendo y valorando el esfuerzo y la dedicación de los miembros del equipo. Al expresar aprecio y reconocimiento de manera regular y auténtica, se fortalece la conexión emocional entre el líder y los miembros del equipo, lo que contribuye a su motivación y compromiso a largo plazo.

Además de reconocer los logros pasados, es importante establecer un sistema de recompensas que motive a los miembros del equipo a seguir esforzándose y mejorando en el futuro. Esto puede implicar el establecimiento de metas y objetivos claros, con incentivos asociados al logro de resultados específicos. Al vincular las recompensas al desempeño y los resultados concretos, se crea un sentido de responsabilidad y motivación en el equipo para alcanzar su máximo potencial.

Es crucial también celebrar los logros del equipo de manera colectiva, reconociendo y valorando la contribución de cada miembro al éxito conjunto. Esto puede implicar la organización de eventos especiales de celebración, la publicación de noticias en boletines internos o en redes sociales corporativas, o la creación de programas de reconocimiento formales que destaquen los logros individuales y colectivos del equipo. Al celebrar los logros del equipo de manera pública y compartida, se refuerza el sentido de pertenencia y orgullo del equipo, lo que fortalece su motivación y compromiso a largo plazo.

Por último, es importante mantenerse flexible y adaptar el plan de reconocimiento y recompensas según sea necesario para satisfacer las necesidades cambiantes del equipo y la organización. Esto puede implicar la revisión periódica de los criterios de reconocimiento y recompensa, la incorporación de nuevas formas de reconocimiento y recompensa, o la realización de encuestas o reuniones para recopilar retroalimentación y sugerencias del equipo sobre cómo mejorar el plan existente. Al mantenerse receptivo y receptivo a las necesidades y deseos del equipo, se demuestra un compromiso continuo con su motivación y compromiso a largo plazo.

Desarrollar un plan efectivo para reconocer y recompensar los logros del equipo puede tener un impacto significativo en su motivación y compromiso. Al establecer criterios claros y específicos para el reconocimiento y las recompensas, seleccionar formas significativas y motivadoras de reconocimiento y recompensa, y celebrar los logros del equipo de manera colectiva y regular, se fortalece la conexión emocional entre el líder y los miembros del equipo, lo que contribuye a su motivación y compromiso a largo plazo. Al mantenerse flexible y receptivo a las necesidades cambiantes del equipo, se garantiza que el plan de reconocimiento y recompensas siga siendo efectivo y relevante a medida que el equipo crece y evoluciona.

Resolución de conflictos dentro del equipo.

La resolución de conflictos dentro de un equipo es una habilidad esencial para cualquier líder. Los desacuerdos y tensiones inevitables en un entorno de trabajo pueden afectar negativamente la dinámica del equipo y la productividad si no se abordan de manera justa y constructiva. Crear un proceso efectivo para abordar y resolver conflictos es fundamental para mantener un ambiente de trabajo saludable y para fomentar relaciones positivas entre los miembros del equipo.

En primer lugar, es importante establecer un ambiente de trabajo que fomente la comunicación abierta y la expresión honesta de opiniones. Al crear un espacio donde los miembros del equipo se sientan seguros para compartir sus preocupaciones y perspectivas, se reduce la probabilidad de que los conflictos se agraven o se vuelvan crónicos. Fomentar la confianza y la transparencia desde el principio crea una base sólida para abordar los conflictos de manera constructiva.

El líder debe establecer expectativas claras sobre cómo deben abordarse los conflictos dentro del equipo. Esto puede incluir la definición de un proceso formal para resolver disputas y la comunicación de este proceso a todos los miembros del equipo. Un proceso bien definido proporciona una guía clara sobre cómo abordar los conflictos, lo que puede ayudar a prevenir malentendidos y asegurar que todos estén en la misma página cuando surjan problemas.

Una herramienta valiosa en la resolución de conflictos es la habilidad de escuchar activamente. Cada miembro del equipo debe sentir que sus preocupaciones son escuchadas y entendidas. El líder debe facilitar la comunicación abierta, permitiendo que cada parte exprese sus puntos de vista sin interrupciones y mostrando empatía hacia sus perspectivas. Escuchar activamente no solo ayuda a comprender mejor la naturaleza del conflicto, sino que también crea un ambiente en el cual los miembros del equipo se sientan valorados y respetados.

Es importante abordar los conflictos de manera oportuna. Ignorar o posponer la resolución de un conflicto puede llevar a tensiones adicionales y a un deterioro de las relaciones en el equipo. El líder debe intervenir tan pronto como sea posible después de la identificación del conflicto para abordar el problema antes de que se agrave. El proceso de resolución de conflictos debe incluir un espacio para que todas las partes expresen sus puntos de vista y preocupaciones. Esto puede llevarse a cabo a través de reuniones de mediación o conversaciones individuales, según la naturaleza del conflicto.

Es importante proporcionar un entorno donde los miembros del equipo se sientan seguros para compartir sus sentimientos y pensamientos sin temor a represalias. Una vez que se han identificado y comprendido las perspectivas de todas las partes, el siguiente paso es buscar soluciones. Esto implica un enfoque colaborativo para encontrar un terreno común y resolver el conflicto de manera que sea aceptable para todas las partes involucradas.

En algunos casos, esto puede implicar compromisos o soluciones creativas que aborden las preocupaciones de todos los involucrados. El líder desempeña un papel crucial en guiar el proceso de resolución de conflictos y asegurar que se sigan los pasos adecuados. Esto puede incluir proporcionar recursos adicionales, como capacitación en habilidades de comunicación o asesoramiento externo, si es necesario. Además, el líder debe asegurarse de que las soluciones acordadas se implementen y de hacer un seguimiento para evaluar su efectividad a lo largo del tiempo.

Es importante que el líder modele comportamientos positivos y efectivos de resolución de conflictos. Esto incluye mantener la calma, ser objetivo y centrarse en soluciones en lugar de culpar a individuos. El líder también puede compartir experiencias personales de resolución de conflictos para ilustrar cómo se pueden superar los desafíos y construir relaciones más fuertes como resultado. La resolución de conflictos puede también ser una oportunidad para el crecimiento y el aprendizaje en el equipo.

Al abordar los conflictos de manera constructiva, los miembros del equipo pueden desarrollar habilidades de comunicación, empatía y colaboración que fortalecen la cohesión del grupo a largo plazo. La resolución de conflictos dentro de un equipo es esencial para mantener un ambiente de trabajo saludable y productivo. Crear un proceso efectivo para abordar y resolver conflictos implica establecer un ambiente de trabajo que fomente la comunicación abierta, definir expectativas claras, escuchar activamente a todas las partes, abordar los conflictos de manera oportuna y buscar soluciones colaborativas. El líder juega un papel clave en guiar este proceso, modelando comportamientos efectivos y asegurándose de que se implementen soluciones duraderas. Al abordar los conflictos de manera constructiva, el equipo puede fortalecer sus relaciones y desarrollar habilidades que contribuyen a un rendimiento exitoso y sostenible a lo largo del tiempo.

Capítulo 5:
Toma de decisiones.

Proceso de toma de decisiones.

El proceso de toma de decisiones es una parte fundamental de la gestión y el liderazgo en cualquier entorno laboral. Desde resolver problemas cotidianos hasta tomar decisiones estratégicas de alto nivel, los líderes deben ser capaces de aplicar un enfoque sistemático y racional para garantizar resultados efectivos y coherentes. Para ilustrar este proceso, aplicaré un problema real en un entorno laboral al proceso de toma de decisiones, desde la identificación del problema hasta la implementación de la solución.

Imagina que eres el gerente de un equipo de ventas en una empresa de tecnología. Recientemente, has notado una disminución en las ventas de un producto específico, a pesar de que históricamente ha sido uno de los productos más exitosos de tu empresa. Después de revisar los informes de ventas y recopilar comentarios de los clientes y el equipo de ventas, identificas que el problema radica en un defecto en el producto que está afectando su rendimiento y funcionalidad.

El primer paso en el proceso de toma de decisiones es identificar y definir claramente el problema. En este caso, el problema es la disminución en las ventas del producto específico debido a un defecto en el mismo. Es importante comprender completamente la naturaleza y el alcance del problema antes de proceder a buscar soluciones. El siguiente paso es recopilar información relevante y analizar todas las opciones disponibles. Esto puede implicar investigar la naturaleza del defecto, evaluar su impacto en el rendimiento del producto y considerar las posibles soluciones para abordar el problema. En este caso, puedes reunir al equipo de desarrollo de productos y realizar pruebas adicionales para comprender mejor la causa raíz del defecto y explorar opciones para corregirlo.

Una vez que se han identificado y evaluado todas las opciones, es hora de tomar una decisión. Esto implica evaluar los riesgos y beneficios de cada opción y seleccionar la que mejor se alinee con los objetivos y valores de la empresa. En este caso, después de revisar los hallazgos de las pruebas y considerar el impacto potencial en la reputación de la empresa y la satisfacción del cliente, decides proceder con una actualización de software para corregir el defecto en el producto.

Después de tomar la decisión, es importante implementar y ejecutar la solución de manera efectiva. Esto puede implicar coordinar con el equipo de desarrollo de productos para implementar la actualización de software, comunicar la solución a los clientes afectados y capacitar al equipo de ventas sobre los cambios realizados. Es fundamental asegurarse de que la solución se implemente de manera oportuna y eficiente para minimizar cualquier impacto adicional en las ventas y la satisfacción del cliente.

Una vez que la solución se ha implementado, es crucial monitorear y evaluar sus resultados. Esto implica realizar un seguimiento de las ventas del producto en cuestión, recopilar comentarios de los clientes sobre la eficacia de la solución y realizar ajustes según sea necesario.

En este caso, puedes establecer métricas de rendimiento específicas, como el aumento en las ventas del producto y la reducción en las quejas de los clientes, para evaluar el éxito de la solución a largo plazo. Además, es importante aprender de la experiencia y buscar oportunidades para mejorar el proceso de toma de decisiones en el futuro. Esto puede implicar realizar una revisión post-mortem del problema y la solución, identificar áreas de mejora en el proceso y desarrollar planes de acción para abordar cualquier deficiencia identificada.

Al aprender de los errores y buscar constantemente maneras de mejorar, se fortalece el proceso de toma de decisiones y se aumenta la capacidad de la empresa para resolver problemas de manera efectiva en el futuro. El proceso de toma de decisiones es fundamental para abordar problemas y resolver conflictos en cualquier entorno laboral. Al aplicar un enfoque sistemático y racional, desde la identificación del problema hasta la implementación de la solución, los líderes pueden tomar decisiones efectivas que conduzcan a resultados positivos y coherentes. Al aprender de la experiencia y buscar constantemente maneras de mejorar, se fortalece la capacidad de la empresa para abordar desafíos y aprovechar oportunidades en el futuro.

Toma de decisiones bajo presión.

La toma de decisiones bajo presión es una habilidad crítica para cualquier líder en el entorno laboral actual, donde los desafíos y las demandas pueden surgir de manera inesperada y requerir respuestas rápidas y efectivas. En una situación de alta presión en el trabajo, mantener la calma y tomar decisiones efectivas puede marcar la diferencia entre el éxito y el fracaso. A continuación, describiré cómo enfrentaría y abordaría esta situación.

En primer lugar, es fundamental mantener la calma y mantener la compostura emocional en todo momento. En situaciones de alta presión, es natural sentirse abrumado o estresado, pero es importante no permitir que estas emociones nublen el juicio o afecten la capacidad para tomar decisiones claras y efectivas. Para lograr esto, es útil practicar técnicas de respiración profunda y mindfulness para reducir el estrés y mantener la claridad mental.

Una vez que se ha logrado un estado de calma, el siguiente paso es evaluar la situación de manera objetiva y racional. Esto implica recopilar y analizar toda la información relevante disponible, identificar los problemas o desafíos clave y evaluar las posibles opciones y cursos de acción disponibles. Es importante no apresurarse en tomar decisiones impulsivas, sino tomarse el tiempo necesario para comprender completamente la situación y considerar todas las opciones posibles. Una vez que se ha evaluado la situación, es hora de tomar una decisión.

En situaciones de alta presión, puede ser necesario tomar decisiones rápidas y decisivas, pero esto no significa tomar atajos o ignorar el proceso de toma de decisiones adecuado. Es importante sopesar cuidadosamente los riesgos y beneficios de cada opción y seleccionar la que mejor se alinee con los objetivos y valores de la organización. Es crucial también comunicar claramente la decisión tomada a todas las partes relevantes y asegurarse de que se entiendan las expectativas y los próximos pasos.

La comunicación efectiva es clave en situaciones de alta presión para garantizar la alineación y el compromiso de todos los involucrados y minimizar la confusión o la incertidumbre. Después de tomar la decisión, es importante monitorear y evaluar continuamente su impacto y efectividad. Esto puede implicar realizar un seguimiento de los resultados y ajustar el enfoque según sea necesario para abordar cualquier problema o desafío que surja. Es importante ser flexible y estar preparado para adaptarse a medida que evoluciona la situación y se obtiene más información.

Además, es útil buscar apoyo y orientación de colegas, mentores o miembros del equipo en situaciones de alta presión. Trabajar en colaboración con otros puede proporcionar perspectivas adicionales y ayudar a generar nuevas ideas y soluciones creativas. Es importante recordar que no se está solo y que hay recursos y redes de apoyo disponibles para ayudar en momentos difíciles. Por último, es importante aprender de la experiencia y buscar oportunidades para mejorar en el futuro.

Reflexionar sobre lo sucedido, identificar lecciones aprendidas y desarrollar planes de acción para abordar áreas de mejora puede ayudar a fortalecer la capacidad para enfrentar y superar desafíos similares en el futuro. La toma de decisiones bajo presión es una habilidad que se puede desarrollar y perfeccionar con el tiempo y la práctica.

La toma de decisiones bajo presión es una habilidad crítica para cualquier líder en el entorno laboral actual. Mantener la calma, evaluar la situación de manera objetiva, tomar decisiones efectivas y comunicar claramente las decisiones tomadas son pasos clave para abordar y superar situaciones de alta presión en el trabajo. Al aprender de la experiencia y buscar oportunidades para mejorar en el futuro, se fortalece la capacidad para enfrentar y superar desafíos similares en el futuro.

Toma de decisiones éticas.

La toma de decisiones éticas es un aspecto fundamental del liderazgo efectivo en el lugar de trabajo. Los líderes enfrentan constantemente dilemas éticos que requieren una cuidadosa consideración de los valores y principios morales, así como de las implicaciones a largo plazo de sus acciones. Para explorar este tema, examinemos algunos dilemas éticos comunes en el lugar de trabajo y cómo aplicaría principios éticos para tomar decisiones difíciles. Uno de los dilemas éticos más comunes en el lugar de trabajo es el conflicto entre la lealtad a la empresa y la responsabilidad hacia los empleados.

Por ejemplo, supongamos que descubres que un miembro de tu equipo ha estado involucrado en prácticas laborales deshonestas que podrían dañar la reputación de la empresa si se hacen públicas. ¿Deberías informar a la alta dirección y arriesgar la carrera de tu empleado, o deberías tratar de resolver el problema internamente para proteger a tu equipo?

En este caso, aplicar principios éticos como la honestidad, la integridad y la responsabilidad puede ayudarte a tomar una decisión informada. Si bien la lealtad a la empresa es importante, también lo es la responsabilidad de garantizar un ambiente de trabajo ético y respetuoso. Por lo tanto, podrías decidir abordar el problema internamente, ofreciendo al empleado la oportunidad de corregir su comportamiento y tomar medidas para prevenir futuras violaciones éticas. Sin embargo, si el comportamiento del empleado es especialmente grave o representa un riesgo significativo para la empresa, podrías considerar informar a la alta dirección para tomar medidas disciplinarias adecuadas.

Otro dilema ético común en el lugar de trabajo es el equilibrio entre la maximización de los beneficios para la empresa y la responsabilidad social corporativa. Por ejemplo, supongamos que tu empresa está considerando externalizar la producción a un país con estándares laborales más bajos para reducir costos y aumentar los márgenes de beneficio.

¿Deberías tomar esta decisión sabiendo que podría resultar en la explotación de trabajadores en el extranjero y dañar la reputación de la empresa?

En este caso, aplicar principios éticos como la justicia, la equidad y el respeto a los derechos humanos puede guiarte hacia una decisión más ética. Si bien es importante maximizar los beneficios para la empresa, también lo es hacerlo de manera ética y responsable. Por lo tanto, podrías considerar explorar otras opciones, como mejorar las condiciones laborales en las instalaciones existentes o buscar proveedores que cumplan con estándares laborales éticos. Si la externalización sigue siendo la mejor opción desde una perspectiva comercial, podrías trabajar para garantizar que se implementen salvaguardias para proteger los derechos y el bienestar de los trabajadores en el extranjero.

Además, la toma de decisiones éticas también puede implicar la consideración de las consecuencias a largo plazo de tus acciones. Por ejemplo, supongamos que tu empresa está considerando lanzar un nuevo producto que sabes que podría tener efectos negativos en la salud o el medio ambiente a largo plazo. ¿Deberías seguir adelante con el lanzamiento del producto sabiendo estos riesgos, o deberías buscar alternativas más seguras y sostenibles?

En este caso, aplicar principios éticos como la precaución, la responsabilidad y la sostenibilidad puede ayudarte a tomar una decisión más ética y responsable. Si bien es importante maximizar los beneficios para la empresa, también lo es hacerlo de manera sostenible y ética a largo plazo. Por lo tanto, podrías optar por postergar el lanzamiento del producto y trabajar para abordar los problemas de salud o ambientales identificados, o podrías buscar alternativas más seguras y sostenibles que minimicen los riesgos potenciales para las personas y el planeta.

La toma de decisiones éticas en el lugar de trabajo implica la aplicación de principios éticos y valores morales para resolver dilemas difíciles de manera justa y responsable. Al considerar cuidadosamente las implicaciones éticas de tus acciones y tomar decisiones que respeten los derechos y la dignidad de todas las partes involucradas, puedes crear un ambiente de trabajo ético y respetuoso que promueva el éxito a largo plazo de la empresa y el bienestar de todos sus stakeholders.

Capítulo 6:
Liderazgo ético.

Importancia de la ética en el liderazgo.

La importancia de la ética en el liderazgo es fundamental para construir relaciones sólidas y confiables tanto dentro como fuera de una organización. Como líder, tus valores personales y éticos sirven como brújula moral que guía tus acciones y decisiones en el entorno laboral. Reflexionar sobre cómo estos valores influyen en tus decisiones y cómo puedes mantener la integridad en todo momento es esencial para cultivar un entorno de trabajo ético y respetuoso.

En primer lugar, es crucial reconocer que como líder eres un modelo a seguir para tu equipo y otros miembros de la organización. Tus acciones y decisiones establecen un precedente para el comportamiento ético dentro de la empresa. Por lo tanto, es importante vivir de acuerdo con tus valores y demostrar integridad en todas tus interacciones y decisiones. Una de las claves para mantener la integridad en el liderazgo es ser transparente y honesto en tus comunicaciones. La transparencia construye confianza y credibilidad entre tú y tu equipo, lo que fomenta un ambiente de trabajo donde los valores éticos son valorados y respetados.

Esto implica compartir información de manera abierta y honesta, admitir errores cuando sea necesario y comunicar claramente tus expectativas y estándares éticos. Además, es importante establecer estándares éticos claros y promover una cultura organizacional basada en valores. Esto implica definir y comunicar claramente los valores y principios éticos de la empresa, y alinear las políticas y prácticas organizacionales con estos valores. Al hacerlo, se crea un ambiente donde se valora la ética y se espera que todos los miembros de la organización actúen con integridad en todo momento.

Otro aspecto importante de mantener la integridad en el liderazgo es tomar decisiones éticas incluso cuando enfrentas presiones externas o internas para actuar de manera contraria a tus valores. Esto puede implicar resistir la tentación de tomar atajos o comprometer tus principios en aras del éxito o el beneficio personal. Es importante recordar que la integridad no es negociable y que tus acciones como líder tienen un impacto duradero en la cultura y reputación de la empresa.

Además, es fundamental fomentar una cultura de responsabilidad y rendición de cuentas dentro de la organización. Esto implica reconocer y recompensar el comportamiento ético, así como abordar de manera efectiva cualquier violación de los estándares éticos establecidos. Al hacer que todos los miembros de la organización sean responsables de sus acciones y decisiones, se refuerza el compromiso con la integridad y se promueve un entorno de trabajo ético y saludable.

Es importante también buscar orientación y apoyo cuando te enfrentas a decisiones éticas difíciles. Consultar a colegas de confianza, mentores o asesores externos puede proporcionar perspectivas adicionales y ayudarte a tomar decisiones informadas y éticas.

No tengas miedo de pedir ayuda cuando lo necesites y recuerda que no estás solo en tu viaje ético como líder. La importancia de la ética en el liderazgo radica en el impacto que tus acciones y decisiones tienen en la cultura y el éxito de la organización. Reflexionar sobre cómo tus valores personales y éticos influyen en tus decisiones y cómo puedes mantener la integridad en todo momento es esencial para cultivar un entorno de trabajo ético y respetuoso. Al ser transparente y honesto en tus comunicaciones, establecer estándares éticos claros, tomar decisiones éticas incluso bajo presión y fomentar una cultura de responsabilidad y rendición de cuentas, puedes liderar con integridad y construir relaciones sólidas y confiables dentro de la organización.

Principios éticos para líderes: integridad, responsabilidad y transparencia.

Los principios éticos son la base sobre la cual se construye un liderazgo efectivo y responsable. Identificar los principios éticos que guían tu liderazgo y comunicarlos y aplicarlos en tu equipo y organización es fundamental para cultivar un ambiente de trabajo ético y respetuoso. A continuación, exploraré algunos principios éticos comunes que pueden guiar el liderazgo y cómo se pueden comunicar y aplicar en el entorno laboral.

En primer lugar, la honestidad y la integridad son fundamentales para cualquier líder ético.

Ser honesto y transparente en todas las interacciones y decisiones, y vivir de acuerdo con los más altos estándares éticos, establece un ejemplo poderoso para el equipo y construye confianza y credibilidad tanto dentro como fuera de la organización. Comunicar claramente tus expectativas y estándares éticos y demostrar coherencia entre tus palabras y acciones refuerza el compromiso con la honestidad y la integridad en todo momento.

Otro principio ético importante es el respeto por los demás. Como líder, es fundamental tratar a todos los miembros del equipo y a otras partes interesadas con respeto y dignidad, independientemente de su posición o estatus. Esto implica escuchar activamente las preocupaciones y perspectivas de los demás, valorar la diversidad de opiniones y experiencias, y promover un ambiente donde se respeten y celebren las diferencias individuales.

Comunicar y modelar el respeto en todas las interacciones y decisiones promueve un entorno de trabajo inclusivo y colaborativo donde todos se sienten valorados y respetados. Además, la justicia y la equidad son principios éticos fundamentales para un liderazgo efectivo. Esto implica tratar a todos los miembros del equipo de manera justa y equitativa, tomando decisiones imparciales y basadas en méritos y garantizando igualdad de oportunidades para todos. Comunicar y aplicar políticas y prácticas organizacionales justas y equitativas, y abordar de manera efectiva cualquier forma de discriminación o sesgo, fortalece el compromiso con la justicia y la equidad en la organización y promueve un ambiente de trabajo donde todos puedan alcanzar su máximo potencial.

La responsabilidad y la rendición de cuentas son también principios éticos clave para un liderazgo efectivo. Como líder, es importante asumir la responsabilidad de tus acciones y decisiones, así como fomentar una cultura de responsabilidad y rendición de cuentas en todo el equipo y la organización. Esto implica reconocer y corregir los errores cuando sea necesario, aprender de la experiencia y buscar constantemente maneras de mejorar y crecer. Comunicar y modelar la responsabilidad y la rendición de cuentas promueve un ambiente de trabajo donde se valora la responsabilidad personal y colectiva y se busca continuamente la excelencia y el crecimiento.

La empatía y la compasión son también principios éticos importantes para un liderazgo efectivo. Como líder, es fundamental comprender y mostrar preocupación por las necesidades y preocupaciones de los demás, y demostrar empatía y compasión en todas las interacciones y decisiones. Esto implica escuchar activamente a los miembros del equipo, mostrar apoyo y comprensión en momentos de dificultad y crear un ambiente donde se fomente el bienestar y la inclusión.

Comunicar y demostrar empatía y compasión fortalece las relaciones interpersonales y promueve un ambiente de trabajo donde todos se sientan valorados y apoyados. Identificar los principios éticos que guían tu liderazgo y comunicarlos y aplicarlos en tu equipo y organización es fundamental para cultivar un ambiente de trabajo ético y respetuoso. La honestidad y la integridad, el respeto por los demás, la justicia y la equidad, la responsabilidad y la rendición de cuentas, y la empatía y la compasión son algunos de los principios éticos clave que pueden guiar el liderazgo efectivo. Comunicar y modelar estos principios en todas las interacciones y decisiones fortalece el compromiso con la ética y promueve un ambiente de trabajo donde todos puedan alcanzar su máximo potencial.

Cómo manejar dilemas éticos en el liderazgo empresarial.

Manejar dilemas éticos en el liderazgo empresarial es un desafío que enfrentan muchos líderes en el entorno laboral actual. Estos dilemas pueden surgir cuando hay conflictos entre lo que es éticamente correcto y lo que puede ser beneficioso para la empresa o para los intereses personales del líder. Desarrollar un marco sólido para abordar estos dilemas y buscar diferentes perspectivas y soluciones son pasos clave para tomar decisiones éticas y responsables.

En primer lugar, es importante establecer un marco ético que sirva como guía para tomar decisiones en situaciones difíciles. Este marco puede incluir principios éticos fundamentales, como la honestidad, la integridad, el respeto y la equidad, así como consideraciones específicas relacionadas con la industria, la cultura organizacional y los valores personales del líder. Al tener un marco claro en mente, se facilita la toma de decisiones éticas en momentos de conflicto.

El siguiente paso es identificar y analizar el dilema ético en cuestión. Esto implica comprender completamente todas las partes involucradas, las posibles consecuencias de diferentes acciones y cómo se relacionan con los principios éticos establecidos en el marco. Es útil preguntarse: ¿Cuáles son los valores en juego? ¿Qué principios éticos son relevantes en esta situación? ¿Cuáles son las posibles ramificaciones de cada curso de acción?

Una vez que se ha analizado el dilema ético, es importante consultar a colegas, mentores u otras partes interesadas para obtener diferentes perspectivas y opiniones. El intercambio de ideas y la búsqueda de diferentes puntos de vista pueden ayudar a enriquecer la comprensión del problema y a considerar soluciones alternativas que quizás no se hayan considerado inicialmente. Además, consultar a otros también puede proporcionar apoyo y orientación en momentos de indecisión o conflicto.

Después de obtener diferentes perspectivas, es importante evaluar cada opción a la luz de los principios éticos establecidos en el marco. Esto implica sopesar los posibles beneficios y riesgos de cada curso de acción y considerar cómo se alinean con los valores y la integridad del líder y de la organización en su conjunto. Es importante no solo considerar el impacto a corto plazo de cada decisión, sino también las implicaciones a largo plazo para la reputación y la cultura organizacional. Una vez que se han evaluado todas las opciones, es hora de tomar una decisión ética y responsable.

Esto implica seleccionar el curso de acción que mejor se alinee con los principios éticos establecidos en el marco y que tenga en cuenta las perspectivas y opiniones de todas las partes involucradas. Es importante ser claro y transparente en la comunicación de la decisión y explicar los motivos detrás de ella, incluso si no todos están de acuerdo. La transparencia y la coherencia son fundamentales para mantener la confianza y el respeto dentro de la organización.

Después de tomar la decisión, es importante reflexionar sobre el proceso y aprender de la experiencia. Esto implica evaluar cómo se manejó el dilema ético, qué se podría haber hecho de manera diferente y cómo se pueden aplicar lecciones aprendidas en el futuro. La reflexión y el aprendizaje continuo son fundamentales para el crecimiento y el desarrollo personal y profesional del líder.

Manejar dilemas éticos en el liderazgo empresarial requiere un enfoque cuidadoso y reflexivo. Desarrollar un marco ético sólido, identificar y analizar el dilema ético, consultar a colegas o mentores para obtener diferentes perspectivas y soluciones, evaluar cada opción a la luz de los principios éticos establecidos, tomar una decisión ética y responsable, y reflexionar sobre el proceso y aprender de la experiencia son pasos clave para abordar dilemas éticos de manera efectiva y responsable. Al seguir estos pasos, los líderes pueden tomar decisiones éticas que promuevan la integridad, la confianza y el respeto dentro de la organización.

Capítulo 7:
Desarrollo personal y profesional.

Importancia del desarrollo continuo del líder.

El desarrollo continuo del líder es fundamental para mantenerse relevante y efectivo en un entorno empresarial en constante cambio. La velocidad a la que evolucionan las tecnologías, las tendencias del mercado y las expectativas de los empleados y clientes hace que sea imperativo para los líderes comprometerse con un proceso constante de aprendizaje y crecimiento. Crear un plan de desarrollo personal que incluya objetivos a corto y largo plazo es una estrategia efectiva para mejorar las habilidades de liderazgo y promover el crecimiento profesional. A continuación, exploraremos la importancia de este proceso y cómo se puede implementar de manera efectiva.

En primer lugar, el desarrollo continuo del líder es esencial para mantenerse al día con las últimas tendencias y mejores prácticas en liderazgo y gestión. Esto puede incluir el estudio de nuevas teorías y modelos de liderazgo, el aprendizaje de nuevas habilidades y competencias, y la exploración de diferentes enfoques para resolver problemas y tomar decisiones.

Mantenerse informado sobre los desarrollos en el campo del liderazgo te permite adaptarte y responder de manera efectiva a los desafíos emergentes en el entorno laboral. Además, el desarrollo continuo del líder es crucial para cultivar un entorno de trabajo dinámico y en constante evolución. Al comprometerse con tu propio crecimiento y desarrollo, inspiras a otros miembros del equipo a hacer lo mismo.

Esto crea una cultura organizacional que valora el aprendizaje y fomenta un sentido de colaboración y mejora continua en toda la empresa. Un líder que demuestra un compromiso con su propio desarrollo es más probable que inspire y motive a otros a hacer lo mismo. Crear un plan de desarrollo personal es una forma efectiva de estructurar y priorizar tus esfuerzos de crecimiento y desarrollo. Este plan debe incluir objetivos específicos a corto y largo plazo que estén alineados con tus aspiraciones profesionales y las necesidades de tu rol actual. Al establecer metas claras y medibles, puedes rastrear tu progreso a lo largo del tiempo y ajustar tu plan según sea necesario para satisfacer tus necesidades cambiantes.

Al diseñar tu plan de desarrollo personal, es importante identificar áreas de mejora y oportunidades de crecimiento. Esto puede incluir el desarrollo de habilidades específicas de liderazgo, como la comunicación efectiva, la toma de decisiones, la resolución de conflictos y la gestión del cambio. También puede implicar buscar oportunidades para adquirir nuevas experiencias y conocimientos, como participar en programas de formación y desarrollo, asistir a conferencias y seminarios, y buscar mentores y coaches que te ayuden a alcanzar tus objetivos.

Además, es importante establecer plazos realistas y alcanzables para alcanzar tus objetivos de desarrollo personal. Esto te permite mantener el enfoque y la disciplina necesarios para lograr resultados tangibles a lo largo del tiempo.

Al establecer hitos y marcadores de progreso, puedes celebrar tus logros y mantenerte motivado a medida que avanzas hacia tus metas. Una parte importante de cualquier plan de desarrollo personal es la autoevaluación regular para evaluar tu progreso y identificar áreas de mejora adicionales. Esto puede implicar la realización de revisiones periódicas de tus objetivos y el ajuste de tu plan según sea necesario para mantenerlo relevante y efectivo. También puede ser útil solicitar retroalimentación de colegas, mentores y supervisores para obtener diferentes perspectivas sobre tu desempeño y áreas de desarrollo.

El desarrollo continuo del líder es esencial para mantenerse relevante y efectivo en un entorno empresarial en constante cambio. Crear un plan de desarrollo personal que incluya objetivos a corto y largo plazo es una estrategia efectiva para mejorar las habilidades de liderazgo y promover el crecimiento profesional. Al comprometerse con tu propio crecimiento y desarrollo, inspiras a otros miembros del equipo a hacer lo mismo y cultivas una cultura organizacional que valora el aprendizaje y la mejora continua.

Aprendizaje permanente.

El aprendizaje permanente es una práctica esencial para cualquier líder que aspire a crecer y adaptarse en un mundo empresarial en constante cambio. Investigar oportunidades de aprendizaje continuo, como cursos, seminarios o libros, y desarrollar un plan para incorporar el aprendizaje en la rutina diaria es fundamental para mantenerse actualizado y mejorar constantemente tus habilidades de liderazgo y gestión.

En primer lugar, es importante reconocer que el aprendizaje no se limita a un momento o lugar específico, sino que es un proceso continuo que ocurre a lo largo de toda la vida. Como líder, es fundamental mantener una mentalidad de crecimiento y estar abierto a aprender de todas las experiencias y personas que te rodean. Esto implica estar dispuesto a cuestionar tus suposiciones, explorar nuevas ideas y perspectivas, y estar abierto a recibir retroalimentación constructiva.

Una forma de fomentar el aprendizaje continuo es buscar activamente oportunidades de desarrollo profesional. Esto puede incluir la participación en cursos de formación y desarrollo, asistencia a seminarios y conferencias, y la lectura de libros y artículos relevantes sobre liderazgo y gestión. Al exponerte a diferentes ideas y enfoques, puedes ampliar tu conocimiento y mejorar tus habilidades en áreas específicas de liderazgo.

Además, es importante desarrollar un plan para incorporar el aprendizaje en tu rutina diaria. Esto puede implicar asignar tiempo específico en tu agenda para actividades de aprendizaje, como la lectura de libros o la participación en cursos en línea. También puedes establecer objetivos de aprendizaje claros y medibles y realizar un seguimiento de tu progreso a lo largo del tiempo.

Al hacer del aprendizaje una prioridad y establecer un sistema para mantenerlo regularmente, puedes garantizar que estés constantemente mejorando y creciendo como líder.

Una forma efectiva de integrar el aprendizaje continuo en tu rutina diaria es adoptar una mentalidad de aprendizaje en el trabajo. Esto implica ver cada desafío o situación como una oportunidad para aprender y crecer. Por ejemplo, en lugar de evitar los errores o fracasos, puedes verlos como oportunidades de aprendizaje y reflexión que te ayudarán a mejorar en el futuro. Al adoptar esta mentalidad, puedes convertir cada experiencia en una oportunidad para desarrollar y mejorar tus habilidades de liderazgo.

Además, es importante aprovechar al máximo las oportunidades de aprendizaje que se presentan en el entorno laboral. Esto puede incluir participar en proyectos desafiantes o asignaciones especiales que te permitan adquirir nuevas habilidades y experiencias. También puedes buscar oportunidades para trabajar con colegas talentosos y aprender de su experiencia y conocimientos. Al estar abierto a aprender de las personas que te rodean y aprovechar al máximo las oportunidades de desarrollo en el trabajo, puedes acelerar tu crecimiento y desarrollo como líder.

Otra estrategia efectiva para fomentar el aprendizaje continuo es establecer una red de aprendizaje profesional. Esto implica conectarse con otros líderes y profesionales en tu campo y compartir ideas, recursos y mejores prácticas. Puedes unirte a grupos de networking profesionales, asistir a eventos de la industria y participar en comunidades en línea relacionadas con el liderazgo y la gestión. Al colaborar con otros líderes y profesionales, puedes obtener nuevas perspectivas y conocimientos que te ayudarán a mejorar tus habilidades de liderazgo.

El aprendizaje permanente es fundamental para mantenerse relevante y efectivo como líder en un entorno empresarial en constante cambio. Investigar oportunidades de aprendizaje continuo, como cursos, seminarios o libros, y desarrollar un plan para incorporar el aprendizaje en la rutina diaria son pasos clave para mejorar constantemente tus habilidades de liderazgo y gestión. Al adoptar una mentalidad de crecimiento, integrar el aprendizaje en tu rutina diaria, aprovechar las oportunidades de aprendizaje en el trabajo y establecer una red de aprendizaje profesional, puedes garantizar que estés constantemente mejorando y creciendo como líder.

Desarrollo de habilidades de liderazgo.

El desarrollo de habilidades de liderazgo es un proceso continuo y dinámico que requiere autoconciencia, compromiso y una estrategia bien definida. En un mundo empresarial en constante evolución, los líderes exitosos reconocen la importancia de mejorar constantemente sus habilidades para liderar de manera efectiva. Para ello, es esencial aprovechar recursos como la mentoría, el coaching y los programas de capacitación.

En este análisis, exploraremos cómo identificar áreas específicas de mejora, desarrollar un plan de acción y sacar el máximo provecho de estas herramientas para el desarrollo del liderazgo.

El primer paso en el desarrollo de habilidades de liderazgo es la autoevaluación honesta. Es importante reflexionar sobre tus fortalezas y debilidades como líder y identificar áreas específicas en las que deseas mejorar. Esto puede incluir habilidades de comunicación, toma de decisiones, gestión del tiempo, resolución de conflictos o cualquier otra área que consideres importante para tu éxito como líder. Al ser consciente de tus áreas de mejora, puedes establecer objetivos claros y medibles para tu desarrollo personal y profesional.

Una vez que hayas identificado tus áreas de mejora, el siguiente paso es desarrollar un plan de acción para adquirir nuevas habilidades y fortalecer las existentes. Esto puede implicar una combinación de diferentes enfoques, como la mentoría, el coaching y la participación en programas de capacitación. La mentoría es una forma efectiva de desarrollo de liderazgo que implica la colaboración con un mentor experimentado que puede proporcionar orientación, consejos y apoyo.

Un mentor puede compartir su experiencia y conocimientos, ayudarte a identificar oportunidades de crecimiento y brindarte retroalimentación constructiva sobre tu desempeño como líder.

Al establecer una relación de mentoría, puedes aprender de la experiencia de otra persona y acelerar tu propio desarrollo como líder. El coaching es otra herramienta poderosa para el desarrollo de habilidades de liderazgo. A diferencia de la mentoría, que se centra en el intercambio de experiencia y conocimientos, el coaching se enfoca en el crecimiento personal y profesional a través de la exploración de metas, valores y habilidades.

Un coach puede ayudarte a identificar tus fortalezas y áreas de desarrollo, establecer objetivos claros y diseñar un plan de acción para alcanzar tus metas. Además, un coach puede proporcionar apoyo y rendición de cuentas a medida que trabajas para mejorar tus habilidades de liderazgo. Además de la mentoría y el coaching, participar en programas de capacitación específicos también puede ser beneficioso para el desarrollo de habilidades de liderazgo.

Estos programas pueden abordar una variedad de temas, como liderazgo, comunicación, trabajo en equipo, gestión del cambio y resolución de problemas. Al participar en programas de capacitación, puedes aprender nuevas técnicas y estrategias, compartir experiencias con otros líderes y obtener perspectivas frescas sobre el liderazgo y la gestión. Una vez que hayas desarrollado un plan de acción para tu desarrollo de habilidades de liderazgo, es importante implementarlo de manera consistente y comprometida.

Esto puede implicar dedicar tiempo y recursos para participar en actividades de desarrollo, establecer metas claras y medibles, y buscar oportunidades para practicar y aplicar nuevas habilidades en tu trabajo diario. Además, es importante mantener una mentalidad abierta y receptiva al aprendizaje continuo. El liderazgo es un viaje de por vida, y siempre hay oportunidades para crecer y mejorar como líder. Mantén una actitud de curiosidad y disposición para aprender de tus experiencias, tanto positivas como negativas, y busca constantemente formas de mejorar tu desempeño y hacer una contribución aún mayor como líder.

El desarrollo de habilidades de liderazgo es un proceso continuo que requiere autoevaluación, compromiso y una estrategia bien definida. Al identificar áreas específicas de mejora, desarrollar un plan de acción y aprovechar recursos como la mentoría, el coaching y los programas de capacitación, puedes fortalecer tus habilidades de liderazgo y alcanzar tu máximo potencial como líder. Al mantener una mentalidad abierta al aprendizaje continuo y comprometerte con tu propio crecimiento y desarrollo, puedes convertirte en un líder más efectivo y exitoso.

Equilibrio entre el trabajo y la vida personal.

En el mundo moderno, donde las demandas laborales son cada vez más exigentes y la tecnología nos mantiene conectados las 24 horas del día, encontrar un equilibrio entre el trabajo y la vida personal se ha vuelto fundamental para el bienestar y la salud mental. Como líder, es especialmente importante que establezcas un ejemplo en este sentido, ya que tu equipo mirará tu comportamiento como guía para el suyo. Reflexionar sobre cómo puedes lograr un equilibrio saludable entre tus responsabilidades laborales y tu bienestar personal, y desarrollar estrategias para mantener ese equilibrio a lo largo del tiempo, es crucial para tu éxito y el de tu equipo.

En primer lugar, es importante reconocer que el equilibrio entre el trabajo y la vida personal es un proceso continuo y dinámico. No hay una fórmula única que funcione para todos, ya que cada persona tiene diferentes necesidades, responsabilidades y prioridades. Por lo tanto, es importante que te tomes el tiempo para reflexionar sobre lo que es importante para ti en tu vida personal y profesional, y cómo puedes integrar esas dos áreas de manera armoniosa. Una estrategia clave para lograr un equilibrio saludable entre el trabajo y la vida personal es establecer límites claros y realistas.

Esto puede implicar establecer horas de trabajo definidas y adherirse a ellas tanto como sea posible, así como establecer límites en cuanto a la disponibilidad fuera del horario laboral. Es importante comunicar estos límites de manera clara y directa a tu equipo y a tus superiores, para que puedan respetar tu tiempo y espacio personal. Además, es importante priorizar tus actividades y responsabilidades tanto en el trabajo como en tu vida personal. Esto puede implicar identificar las tareas y proyectos más importantes y urgentes en el trabajo, y reservar tiempo específico en tu agenda para realizarlas de manera eficiente.

Del mismo modo, en tu vida personal, es importante identificar las actividades y compromisos que son más significativos y satisfactorios para ti, y asegurarte de dedicarles tiempo regularmente. Otra estrategia importante para mantener un equilibrio saludable entre el trabajo y la vida personal es practicar el autocuidado regularmente.

Esto puede incluir actividades como hacer ejercicio, meditar, pasar tiempo al aire libre, conectarte con amigos y seres queridos, y participar en hobbies y pasatiempos que te traigan alegría y satisfacción. Priorizar tu bienestar físico, mental y emocional te ayudará a mantenerte saludable y energizado para enfrentar los desafíos en el trabajo y en tu vida personal. Además, es importante aprender a delegar tareas y responsabilidades tanto en el trabajo como en casa.

Como líder, puede ser tentador tratar de hacerlo todo tú mismo, pero esto puede llevar a un agotamiento y estrés innecesarios. Aprender a confiar en tu equipo y asignar tareas según las habilidades y capacidades de cada miembro te permitirá liberar tiempo y energía para concentrarte en las actividades que son más importantes y significativas para ti. La comunicación abierta y honesta también juega un papel clave en el mantenimiento de un equilibrio saludable entre el trabajo y la vida personal.

Es importante hablar con tu equipo y tus superiores sobre tus necesidades y expectativas en términos de horario de trabajo y disponibilidad fuera del horario laboral.

Del mismo modo, es importante comunicarte con tus seres queridos sobre tus responsabilidades laborales y cómo pueden apoyarte en tus esfuerzos por lograr un equilibrio saludable. Por último, es importante recordar que el equilibrio entre el trabajo y la vida personal no se logra de la noche a la mañana y requiere un esfuerzo continuo y constante.

Es normal que haya momentos en los que te sientas abrumado o desequilibrado, pero es importante ser paciente y compasivo contigo mismo. A medida que te comprometes a encontrar un equilibrio saludable entre el trabajo y la vida personal y desarrollas estrategias para mantenerlo a lo largo del tiempo, descubrirás que puedes lograr tus objetivos profesionales mientras mantienes tu bienestar y felicidad personal.

! El Mundo Espera Tú Liderazgo¡

Capítulo 8:
Desarrollo Personal y
Autoconocimiento.

Autoconciencia emocional.

La autoconciencia emocional es una piedra angular del liderazgo efectivo. Se trata de la capacidad de reconocer y comprender nuestras propias emociones, así como sus efectos en nuestro comportamiento y en las personas que nos rodean. En el ámbito gerencial, esta habilidad es fundamental, ya que un líder emocionalmente inteligente puede influir positivamente en su equipo, tomar decisiones más acertadas y mantener relaciones laborales más sólidas y saludables. Comprender nuestras propias emociones implica reconocer no solo lo que sentimos, sino también por qué lo sentimos. Esto requiere un alto grado de autoexploración y reflexión.

Un líder emocionalmente consciente es capaz de identificar y nombrar sus emociones con precisión, ya sea en situaciones de tensión, estrés, alegría o cualquier otro estado emocional. Esta capacidad no solo nos permite conocernos mejor a nosotros mismos, sino que también nos brinda la oportunidad de regular nuestras emociones de manera más efectiva. La influencia de la autoconciencia emocional en el liderazgo es profunda.

Cuando un líder comprende sus propias emociones, puede anticipar cómo estas emociones pueden afectar su comportamiento y sus decisiones. Por ejemplo, si un líder sabe que tiende a sentirse frustrado cuando las cosas no van según lo planeado, puede tomar medidas proactivas para evitar que esa frustración afecte negativamente su capacidad para liderar.

En lugar de reaccionar impulsivamente, un líder autoconsciente puede elegir responder de manera más calmada y reflexiva. Además, la autoconciencia emocional permite a los líderes reconocer cómo sus emociones pueden influir en los demás. Los líderes son modelos a seguir para sus equipos, y sus emociones pueden ser contagiosas. Un líder que muestra calma y confianza en momentos de crisis puede ayudar a tranquilizar a su equipo y fomentar un sentido de seguridad y estabilidad.

Del mismo modo, un líder que demuestra empatía y comprensión puede fortalecer los lazos emocionales dentro del equipo y fomentar un ambiente de colaboración y apoyo mutuo. La autoconciencia emocional también es fundamental para el desarrollo de relaciones laborales efectivas. Cuando los líderes son capaces de reconocer y expresar sus propias emociones de manera auténtica, esto crea un ambiente de confianza y transparencia en el equipo. Los miembros del equipo se sienten más cómodos compartiendo sus propias emociones y preocupaciones, lo que facilita la comunicación abierta y honesta.

Además, un líder que es consciente de sus propias fortalezas y debilidades puede delegar tareas de manera más efectiva y colaborar de manera más productiva con su equipo. Para desarrollar la autoconciencia emocional, los líderes pueden adoptar una variedad de prácticas y técnicas. Esto puede incluir la práctica regular de la atención plena y la autorreflexión, la búsqueda de retroalimentación honesta de colegas y miembros del equipo, y la participación en programas de desarrollo personal y liderazgo emocional.

Además, los líderes pueden trabajar en mejorar su inteligencia emocional, desarrollando habilidades como la empatía, la autorregulación emocional y la gestión de conflictos. La autoconciencia emocional es una habilidad crítica para el liderazgo efectivo. Comprender nuestras propias emociones nos permite tomar decisiones más acertadas, influir positivamente en los demás y desarrollar relaciones laborales sólidas y saludables. Al cultivar la autoconciencia emocional, los líderes pueden mejorar su capacidad para liderar con éxito en cualquier entorno y enfrentar los desafíos del liderazgo con confianza y claridad.

Gestión del tiempo y priorización.

La gestión del tiempo y la priorización son habilidades fundamentales para cualquier líder que busque optimizar su productividad y alcanzar sus objetivos de manera eficiente. En un entorno empresarial dinámico y acelerado, saber cómo gestionar adecuadamente el tiempo y asignar las prioridades correctas puede marcar la diferencia entre el éxito y el fracaso. En este análisis, exploraremos diversas técnicas y estrategias que los líderes pueden emplear para mejorar su gestión del tiempo y su capacidad para priorizar tareas de manera efectiva.

Uno de los primeros pasos en la gestión del tiempo es identificar y comprender cómo se utiliza actualmente el tiempo. Esto puede implicar llevar un registro detallado de las actividades diarias durante un período de tiempo para identificar patrones y áreas de mejora.

Mediante la evaluación de cómo se distribuye el tiempo entre diferentes tareas y actividades, los líderes pueden identificar áreas de desperdicio de tiempo y oportunidades para optimizar su uso del tiempo. Una vez que se ha realizado esta evaluación inicial, los líderes pueden comenzar a implementar técnicas específicas para mejorar su gestión del tiempo. Una estrategia efectiva es utilizar herramientas de planificación y organización, como agendas electrónicas, listas de tareas pendientes y aplicaciones de gestión del tiempo, para ayudar a mantenerse organizado y enfocado en las tareas prioritarias.

Estas herramientas pueden ayudar a desglosar grandes proyectos en tareas más pequeñas y manejables, lo que facilita su seguimiento y completitud. Además de utilizar herramientas de planificación, los líderes también pueden beneficiarse de técnicas de gestión del tiempo como la técnica Pomodoro, que implica trabajar en bloques de tiempo cortos y concentrados, seguidos de descansos breves. Esta técnica puede ayudar a mantener la concentración y la productividad al proporcionar intervalos regulares de descanso y renovación de la energía.

Del mismo modo, la técnica Eisenhower, que implica clasificar las tareas en función de su urgencia y importancia, puede ayudar a priorizar eficazmente las actividades y minimizar la procrastinación. Además de utilizar técnicas específicas de gestión del tiempo, los líderes también pueden beneficiarse de adoptar una mentalidad proactiva hacia la planificación y la organización. Esto puede implicar anticipar y planificar las tareas y responsabilidades futuras con anticipación, en lugar de esperar hasta el último minuto para abordarlas. Al establecer metas claras y plazos realistas para las tareas, los líderes pueden reducir el estrés y la ansiedad asociados con la gestión del tiempo y aumentar su eficacia y eficiencia en el trabajo.

Otro aspecto importante de la gestión del tiempo y la priorización es aprender a decir "no" de manera efectiva. Los líderes a menudo se enfrentan a demandas y solicitudes múltiples que compiten por su tiempo y atención, y es crucial poder establecer límites claros y priorizar las tareas según su importancia y contribución a los objetivos generales. Esto puede implicar aprender a delegar tareas menos importantes o urgentes a otros miembros del equipo, o simplemente rechazar compromisos que no se alineen con las prioridades actuales.

La gestión del tiempo y la priorización son habilidades críticas para todo líder que busca maximizar su productividad y lograr sus objetivos de manera efectiva. Al identificar cómo se utiliza actualmente el tiempo, implementar técnicas específicas de gestión del tiempo, adoptar una mentalidad proactiva hacia la planificación y la organización, y aprender a decir "no" de manera efectiva, los líderes pueden mejorar su capacidad para gestionar eficazmente el tiempo y alcanzar el éxito en sus roles de liderazgo.

Resiliencia y manejo del estrés.

En el dinámico entorno laboral actual, la resiliencia y el manejo del estrés son habilidades vitales para los líderes que desean mantener un alto rendimiento y liderar eficazmente a sus equipos. La capacidad de enfrentar desafíos, adaptarse a situaciones adversas y mantener la calma bajo presión son aspectos esenciales de la resiliencia, mientras que el manejo efectivo del estrés permite mantener un equilibrio saludable entre el trabajo y la vida personal. En este análisis, exploraremos estrategias clave para desarrollar resiliencia y manejar el estrés en entornos de trabajo exigentes.

Una estrategia fundamental para desarrollar resiliencia es cultivar una mentalidad positiva y optimista. Los líderes resilientes tienden a ver los desafíos como oportunidades de aprendizaje y crecimiento, en lugar de obstáculos insuperables. Adoptar una actitud positiva puede ayudar a contrarrestar el impacto del estrés y promover una mayor capacidad para enfrentar desafíos de manera efectiva. Esto puede implicar practicar la gratitud, buscar el lado positivo de las situaciones difíciles y cultivar la esperanza y la confianza en uno mismo y en los demás.

Además de mantener una mentalidad positiva, es importante desarrollar habilidades de afrontamiento efectivas para manejar el estrés y la adversidad. Esto puede incluir técnicas de relajación como la respiración profunda y la meditación, que pueden ayudar a reducir la ansiedad y promover la calma y la claridad mental.

Del mismo modo, el ejercicio regular y una dieta saludable pueden tener un impacto significativo en la reducción del estrés y la mejora del bienestar general. Otra estrategia importante para desarrollar resiliencia es cultivar una red de apoyo sólida. Los líderes resilientes suelen contar con el apoyo de colegas, amigos, familiares y mentores que pueden ofrecer orientación, apoyo emocional y perspectivas útiles durante momentos difíciles. Buscar el apoyo de otros y mantener conexiones sociales fuertes puede proporcionar una fuente de fortaleza y resistencia en tiempos de adversidad.

Además de desarrollar habilidades de afrontamiento individual, los líderes también pueden beneficiarse de adoptar prácticas de autogestión efectivas para evitar el agotamiento y mantener un equilibrio saludable entre el trabajo y la vida personal. Esto puede implicar establecer límites claros entre el trabajo y el tiempo personal, delegar tareas cuando sea posible y aprender a desconectar y relajarse fuera del trabajo. Priorizar el autocuidado y dedicar tiempo a actividades que fomenten la relajación y el bienestar puede ayudar a prevenir el agotamiento y promover la salud mental y emocional a largo plazo.

Finalmente, es importante recordar que la resiliencia y el manejo del estrés son habilidades que se pueden desarrollar y mejorar con el tiempo y la práctica. Aunque es natural experimentar estrés y enfrentar desafíos en el trabajo, aprender a manejar estas situaciones de manera efectiva puede marcar una gran diferencia en la capacidad de un líder para mantenerse fuerte y resistente frente a la adversidad.

Al implementar estrategias clave como mantener una mentalidad positiva, desarrollar habilidades de afrontamiento efectivas y cultivar una red de apoyo sólida, los líderes pueden fortalecer su resiliencia y manejar el estrés de manera más efectiva en entornos de trabajo exigentes.

Creatividad y pensamiento lateral.

La creatividad y el pensamiento lateral son habilidades esenciales para los líderes que desean innovar, resolver problemas de manera efectiva y tomar decisiones estratégicas en un entorno empresarial en constante cambio. La capacidad de pensar de forma creativa y ver las situaciones desde nuevas perspectivas puede proporcionar una ventaja competitiva significativa y abrir nuevas oportunidades para el crecimiento y el éxito. En este análisis, examinaremos diversas formas en las que los líderes pueden fomentar la creatividad y el pensamiento lateral en la resolución de problemas y la toma de decisiones.

Una estrategia clave para fomentar la creatividad y el pensamiento lateral es crear un entorno que fomente la experimentación y la innovación. Esto puede implicar alentar a los miembros del equipo a proponer nuevas ideas y soluciones, independientemente de lo arriesgadas o fuera de lo común que puedan parecer. Los líderes pueden promover un ambiente de confianza y seguridad psicológica donde los empleados se sientan cómodos compartiendo sus ideas sin temor a ser juzgados o criticados.

Esto puede abrir la puerta a nuevas formas de pensar y generar soluciones innovadoras a los desafíos empresariales. Además de crear un entorno que fomente la creatividad, los líderes también pueden fomentar la colaboración y el intercambio de ideas entre los miembros del equipo. Esto puede implicar organizar sesiones de lluvia de ideas o reuniones de trabajo en equipo donde se anima a los empleados a compartir sus pensamientos y perspectivas sobre un problema o proyecto en particular. Al colaborar y combinar diferentes puntos de vista y habilidades, los equipos pueden generar soluciones más creativas y efectivas que si trabajaran individualmente.

Otra estrategia para fomentar la creatividad y el pensamiento lateral es desafiar las suposiciones y normas convencionales. Los líderes pueden alentar a los miembros del equipo a cuestionar el status quo y considerar nuevas formas de abordar los problemas y oportunidades. Esto puede implicar hacer preguntas provocativas, como "¿Por qué lo hacemos de esta manera?" o "¿Qué pasaría si exploráramos esta idea radical?". Al desafiar las suposiciones arraigadas y abrir la mente a nuevas posibilidades, los líderes pueden inspirar la creatividad y el pensamiento innovador.

Además de fomentar la creatividad en el proceso de resolución de problemas, los líderes también pueden aplicar técnicas específicas de pensamiento lateral para generar ideas innovadoras. Esto puede incluir métodos como el pensamiento de diseño, que implica abordar los problemas desde la perspectiva del usuario y buscar soluciones centradas en las necesidades y experiencias de las personas.

Del mismo modo, la técnica del pensamiento lateral, popularizada por Edward de Bono, anima a buscar soluciones fuera del camino habitual y a explorar diferentes enfoques para abordar un problema.

Finalmente, es importante proporcionar tiempo y espacio para que la creatividad florezca. Los líderes pueden permitir a los miembros del equipo tiempo libre para explorar ideas y proyectos personales, así como fomentar un equilibrio saludable entre el trabajo y la vida personal que permita a los empleados recargar energías y encontrar inspiración fuera del entorno laboral. Al proporcionar un entorno propicio para la creatividad y el pensamiento lateral, los líderes pueden cultivar una cultura de innovación y generar soluciones creativas y efectivas para los desafíos empresariales.

La creatividad y el pensamiento lateral son habilidades fundamentales para los líderes que buscan innovar, resolver problemas complejos y tomar decisiones estratégicas en un entorno empresarial en constante evolución. Al crear un entorno que fomente la experimentación y la colaboración, desafiar las suposiciones convencionales y aplicar técnicas específicas de pensamiento lateral, los líderes pueden inspirar la creatividad y el pensamiento innovador en sus equipos y generar soluciones efectivas y transformadoras.

Desarrollo de la inteligencia emocional.

El desarrollo de la inteligencia emocional es crucial para los líderes que desean relacionarse mejor con los demás y liderar de manera más efectiva en el entorno empresarial actual. La inteligencia emocional implica la capacidad de reconocer, comprender y gestionar las propias emociones, así como de percibir y responder de manera empática a las emociones de los demás. En este análisis, exploraremos cómo los líderes pueden mejorar su inteligencia emocional para fortalecer sus habilidades de liderazgo y relaciones interpersonales.

Una forma de mejorar la inteligencia emocional es aumentar la conciencia emocional, que implica reconocer y comprender las propias emociones. Los líderes pueden practicar la autoevaluación regular para identificar y comprender sus propias emociones, así como las situaciones que las desencadenan. Esto puede implicar llevar un diario emocional, donde los líderes pueden registrar sus emociones, pensamientos y comportamientos en diferentes situaciones para identificar patrones y áreas de mejora. Al aumentar la conciencia emocional, los líderes pueden desarrollar una mayor comprensión de sí mismos y de cómo sus emociones influyen en sus decisiones y relaciones con los demás.

Otro aspecto importante de la inteligencia emocional es la auto regulación emocional, que implica la capacidad de controlar y gestionar las propias emociones de manera efectiva. Los líderes pueden practicar técnicas de regulación emocional, como la respiración profunda, la meditación y la visualización positiva, para mantener la calma y la claridad mental en situaciones estresantes o desafiantes. Además, los líderes pueden aprender a identificar y abordar los pensamientos y patrones emocionales negativos que pueden interferir con su capacidad para tomar decisiones objetivas y liderar con eficacia.

Además de desarrollar la auto regulación emocional, los líderes también pueden mejorar su inteligencia emocional al cultivar la empatía hacia los demás. La empatía implica la capacidad de ponerse en el lugar de otra persona y comprender sus pensamientos, sentimientos y perspectivas. Los líderes pueden practicar la escucha activa y mostrar interés genuino en las preocupaciones y necesidades de los demás para fortalecer su conexión emocional con los miembros del equipo y fomentar un ambiente de confianza y colaboración. Al cultivar la empatía, los líderes pueden mejorar sus relaciones interpersonales y su capacidad para motivar y guiar a los demás de manera efectiva.

Otro componente clave de la inteligencia emocional es la habilidad para manejar las relaciones sociales de manera efectiva. Esto implica la capacidad de comunicarse de manera clara y efectiva, resolver conflictos de manera constructiva y trabajar en equipo de manera colaborativa. Los líderes pueden desarrollar estas habilidades participando en programas de desarrollo de liderazgo que incluyan entrenamiento en habilidades de comunicación, resolución de conflictos y trabajo en equipo.

Además, los líderes pueden buscar oportunidades para practicar estas habilidades en situaciones reales en el trabajo, como liderar reuniones de equipo, facilitar discusiones difíciles o colaborar en proyectos conjuntos.

El desarrollo de la inteligencia emocional es fundamental para los líderes que desean relacionarse mejor con los demás y liderar de manera más efectiva en el entorno empresarial actual. Al aumentar la conciencia emocional, practicar la auto regulación emocional, cultivar la empatía y mejorar las habilidades sociales, los líderes pueden fortalecer su inteligencia emocional y mejorar su capacidad para influir, motivar y guiar a los demás de manera efectiva. Al hacerlo, pueden crear un entorno de trabajo más positivo y productivo donde los empleados se sientan valorados, apoyados y motivados a alcanzar su máximo potencial.

Capítulo 9:
Construcción y Gestión de Relaciones.

Desarrollo de redes profesionales.

En el mundo empresarial de hoy, construir y mantener una red profesional sólida es fundamental para el crecimiento personal y profesional. Estas redes no solo ofrecen oportunidades de desarrollo profesional, sino que también brindan apoyo, orientación y una fuente invaluable de conocimiento y recursos. En este análisis, exploraremos la importancia de las redes profesionales y cómo pueden contribuir al éxito de un líder en el contexto empresarial.

En primer lugar, las redes profesionales proporcionan una plataforma para el intercambio de conocimientos y experiencias entre colegas y profesionales de la industria. Al conectarse con personas que tienen diferentes antecedentes, habilidades y perspectivas, los líderes pueden obtener nuevas ideas, información actualizada sobre tendencias y mejores prácticas, y acceso a recursos y oportunidades que de otro modo podrían no estar disponibles. Esta colaboración y compartición de conocimientos pueden ser cruciales para la resolución de problemas, la innovación y el crecimiento profesional continuo.

Además, las redes profesionales ofrecen oportunidades para establecer relaciones sólidas y duraderas con colegas, mentores, clientes y otros líderes de la industria. Estas relaciones pueden proporcionar apoyo emocional, asesoramiento y orientación en momentos de dificultad o incertidumbre, así como oportunidades de colaboración y desarrollo conjunto de proyectos. Al construir relaciones auténticas y basadas en la confianza, los líderes pueden fortalecer su red de apoyo y ampliar sus oportunidades de crecimiento y éxito profesional a largo plazo.

Asimismo, las redes profesionales pueden ser una fuente invaluable de oportunidades de desarrollo profesional y avance en la carrera. Al conectarse con profesionales influyentes y líderes de opinión en la industria, los líderes pueden acceder a oportunidades de mentoría, programas de capacitación y desarrollo, y posiciones de liderazgo que de otro modo podrían ser difíciles de alcanzar. Estas conexiones pueden proporcionar el impulso necesario para avanzar en la carrera y alcanzar metas profesionales ambiciosas.

Además de ofrecer oportunidades de desarrollo profesional, las redes profesionales también pueden ser una fuente importante de apoyo y consejo durante períodos de transición o cambio en la carrera. Ya sea que estén buscando nuevas oportunidades laborales, enfrentando desafíos en el trabajo o considerando un cambio de carrera, los líderes pueden recurrir a su red profesional para obtener orientación, consejos y referencias valiosas. Esta red de apoyo puede ser especialmente importante durante momentos de incertidumbre o cambio en el entorno laboral.

Para construir y mantener una red profesional sólida, los líderes deben dedicar tiempo y esfuerzo a cultivar relaciones significativas y auténticas con colegas y profesionales de la industria. Esto puede implicar participar en eventos de networking, como conferencias, seminarios y ferias comerciales, donde puedan conocer a personas nuevas y establecer conexiones significativas.

También pueden utilizar plataformas en línea, como LinkedIn, para conectar con colegas, seguir a líderes de opinión en la industria y participar en grupos y comunidades profesionales. Además, es importante mantenerse en contacto regular con los miembros de la red, ya sea a través de reuniones en persona, llamadas telefónicas o correos electrónicos, para mantener las relaciones y fortalecer los lazos profesionales. Esto puede implicar compartir noticias, actualizaciones y logros profesionales, así como buscar oportunidades de colaboración y apoyo mutuo.

Al mantenerse activo y comprometido con su red profesional, los líderes pueden maximizar los beneficios y oportunidades que estas conexiones pueden ofrecer. Construir y mantener una red profesional sólida es fundamental para el crecimiento personal y profesional de un líder en el mundo empresarial actual. Estas redes no solo ofrecen oportunidades de desarrollo profesional y avance en la carrera, sino que también brindan apoyo, orientación y una fuente invaluable de conocimiento y recursos. Al dedicar tiempo y esfuerzo a construir relaciones significativas y auténticas con colegas y profesionales de la industria, los líderes pueden ampliar sus oportunidades de crecimiento y éxito profesional a largo plazo.

Negociación y resolución de conflictos.

En el entorno laboral, la capacidad de negociar de manera efectiva y resolver conflictos de manera constructiva son habilidades fundamentales para un líder.

La negociación es un proceso en el que las partes involucradas buscan llegar a un acuerdo mutuamente beneficioso, mientras que la resolución de conflictos implica abordar y resolver diferencias entre individuos o grupos de manera que promueva la armonía y el trabajo en equipo. En este análisis, exploraremos técnicas para negociar de manera efectiva y resolver conflictos de manera constructiva en el lugar de trabajo.

Una técnica clave para la negociación efectiva es la preparación adecuada. Antes de entrar en una negociación, es importante investigar y comprender completamente el tema en cuestión, así como identificar los objetivos y puntos de negociación de todas las partes involucradas. Esto puede implicar recopilar información relevante, analizar opciones y desarrollar estrategias para lograr los mejores resultados posibles. Al estar bien preparado, un líder puede aumentar sus posibilidades de éxito en la negociación y tomar decisiones informadas que beneficien a todas las partes.

Además de la preparación, la comunicación clara y efectiva es esencial durante el proceso de negociación. Los líderes deben ser capaces de expresar sus puntos de vista y objetivos de manera clara y directa, al mismo tiempo que escuchan activamente las preocupaciones y perspectivas de las otras partes involucradas. Esto requiere habilidades de escucha empática, capacidad para hacer preguntas abiertas y habilidades para manejar emociones fuertes o conflictivas de manera constructiva. Al fomentar una comunicación abierta y transparente, los líderes pueden facilitar un proceso de negociación más fluido y colaborativo.

Otra técnica importante para la negociación efectiva es la capacidad para encontrar soluciones creativas y de win-win. En lugar de centrarse únicamente en sus propios intereses, los líderes deben buscar soluciones que satisfagan las necesidades y preocupaciones de todas las partes involucradas. Esto puede implicar explorar opciones alternativas, compromisos mutuos y soluciones innovadoras que permitan a todas las partes alcanzar sus objetivos de manera satisfactoria. Al adoptar un enfoque colaborativo y de win-win, los líderes pueden construir relaciones sólidas y duraderas con colegas y socios comerciales.

Además de negociar de manera efectiva, los líderes también deben ser hábiles en la resolución de conflictos. Esto implica abordar y resolver diferencias de manera que promueva la comprensión mutua, el perdón y la reconciliación entre las partes involucradas. Una técnica importante en la resolución de conflictos es la capacidad para manejar emociones fuertes y mantener la calma en situaciones difíciles. Esto puede implicar técnicas de manejo del estrés, como la respiración profunda, el mindfulness o el uso de pausas para reflexionar antes de responder.

Además, es importante abordar el conflicto de manera proactiva y constructiva, en lugar de ignorarlo o evitarlo. Los líderes deben estar dispuestos a enfrentar los problemas de frente, buscar entender las preocupaciones y perspectivas de todas las partes involucradas, y trabajar juntos para encontrar soluciones que satisfagan las necesidades de todos. Esto puede requerir habilidades de comunicación efectiva, empatía y capacidad para encontrar puntos en común y compromisos mutuos.

La negociación efectiva y la resolución de conflictos son habilidades esenciales para un líder en el lugar de trabajo. Al prepararse adecuadamente, comunicarse de manera clara y efectiva, buscar soluciones creativas y de win-win, y abordar los conflictos de manera proactiva y constructiva, los líderes pueden promover relaciones sólidas y constructivas con colegas, socios comerciales y clientes. Al dominar estas habilidades, los líderes pueden contribuir al éxito y la efectividad de sus equipos y organizaciones en general.

Empatía y comprensión interpersonal.

La empatía y la comprensión interpersonal son habilidades fundamentales en el liderazgo efectivo y en la gestión de equipos. Estas habilidades permiten a los líderes conectarse genuinamente con sus colaboradores, entender sus perspectivas y emociones, y fomentar un ambiente de trabajo colaborativo y compasivo. En este análisis, exploraremos cómo desarrollar la capacidad de empatía y comprensión interpersonal para mejorar las relaciones interpersonales y el rendimiento del equipo.

En primer lugar, es importante comprender qué implica realmente la empatía. La empatía va más allá de simplemente comprender las emociones de los demás; implica la capacidad de ponerse en el lugar de otra persona, ver el mundo desde su perspectiva y responder de manera compasiva y solidaria.

Esto requiere escuchar activamente, prestar atención a las señales no verbales y mostrar interés genuino en las experiencias y sentimientos de los demás. Para desarrollar la empatía, los líderes pueden practicar la escucha activa y la atención plena en sus interacciones diarias. Esto implica dedicar tiempo y atención plena a las conversaciones, mostrando interés genuino en lo que dicen los demás y haciendo preguntas abiertas para profundizar en su comprensión. Además, los líderes pueden practicar la empatía al tratar de entender las preocupaciones y perspectivas de los demás, incluso cuando no estén de acuerdo con ellas.

Además de la escucha activa, la empatía también implica la capacidad de mostrar compasión y apoyo hacia los demás en momentos de dificultad o sufrimiento. Esto puede implicar expresar simpatía, ofrecer palabras de aliento o simplemente estar presente y disponible para ofrecer apoyo emocional. Al demostrar empatía en momentos de necesidad, los líderes pueden fortalecer las relaciones y crear un sentido de conexión y confianza dentro del equipo.

La comprensión interpersonal va de la mano con la empatía y se refiere a la capacidad de entender y manejar las dinámicas interpersonales dentro del equipo. Esto implica reconocer las diferencias individuales, los estilos de comunicación y las preferencias de trabajo de los miembros del equipo, y adaptarse a ellas de manera efectiva. Los líderes pueden desarrollar la comprensión interpersonal al observar y escuchar activamente a los miembros del equipo, identificando sus fortalezas y áreas de desarrollo, y brindando el apoyo necesario para maximizar su potencial.

Además, la comprensión interpersonal implica la capacidad de resolver conflictos de manera constructiva y promover un ambiente de trabajo armonioso y colaborativo. Esto puede implicar facilitar conversaciones difíciles, mediar en disputas entre miembros del equipo y fomentar una cultura de respeto y tolerancia dentro del equipo. Al manejar los conflictos de manera efectiva, los líderes pueden fortalecer las relaciones interpersonales y promover un ambiente de trabajo positivo y productivo.

Para desarrollar la empatía y la comprensión interpersonal, los líderes pueden beneficiarse de prácticas como el coaching, la formación en habilidades sociales y la retroalimentación 360 grados. Estas prácticas pueden ayudar a los líderes a identificar sus puntos fuertes y áreas de mejora en términos de empatía y comprensión interpersonal, y proporcionarles las herramientas y estrategias necesarias para desarrollar estas habilidades de manera efectiva.

La empatía y la comprensión interpersonal son habilidades esenciales en el liderazgo efectivo y en la gestión de equipos. Al desarrollar la capacidad de ponerse en el lugar de los demás, entender sus puntos de vista y emociones, y manejar las dinámicas interpersonales de manera efectiva, los líderes pueden fortalecer las relaciones interpersonales, fomentar un ambiente de trabajo colaborativo y compasivo, y mejorar el rendimiento del equipo en general.

Coaching y mentoría.

El coaching y la mentoría son prácticas fundamentales en el desarrollo profesional y el crecimiento de los miembros del equipo en cualquier organización. Estas estrategias permiten a los líderes ayudar a sus colaboradores a alcanzar su máximo potencial, proporcionándoles orientación, apoyo y recursos para mejorar sus habilidades y lograr sus metas profesionales. En este análisis, exploraremos el papel del coaching y la mentoría en el contexto empresarial y cómo pueden contribuir al éxito individual y colectivo.

En primer lugar, es importante comprender la diferencia entre coaching y mentoría. El coaching se centra en el desarrollo de habilidades específicas y el logro de objetivos a corto plazo. Implica una relación más estructurada y enfocada en el desempeño, donde el coach trabaja con el colaborador para identificar áreas de mejora, establecer metas claras y proporcionar retroalimentación y apoyo continuos para alcanzar esas metas. Por otro lado, la mentoría es una relación más informal y a largo plazo, donde un mentor comparte su experiencia, conocimientos y consejos con el mentee para ayudarlo a crecer profesionalmente y avanzar en su carrera.

El coaching y la mentoría pueden beneficiar tanto a los líderes como a los colaboradores. Para los líderes, estas prácticas ofrecen la oportunidad de desarrollar habilidades de liderazgo, mejorar la retención de talento y promover una cultura de aprendizaje y crecimiento dentro del equipo. Para los colaboradores, el coaching y la mentoría proporcionan orientación y apoyo personalizado para desarrollar habilidades, superar desafíos y avanzar en su carrera profesional.

Una de las principales ventajas del coaching y la mentoría es su enfoque personalizado y centrado en el individuo. A través de sesiones uno a uno, los líderes pueden identificar las fortalezas y debilidades de sus colaboradores, así como sus metas y aspiraciones profesionales. Con esta información, pueden diseñar un plan de desarrollo personalizado que se adapte a las necesidades y objetivos específicos de cada individuo, proporcionando el apoyo y la orientación necesarios para alcanzar el éxito.

Además, el coaching y la mentoría fomentan la responsabilidad y la autodirección en el desarrollo profesional. Al empoderar a los colaboradores para que asuman la responsabilidad de su propio crecimiento y aprendizaje, los líderes pueden fomentar un sentido de propiedad y compromiso con el desarrollo profesional. Esto puede conducir a un mayor nivel de motivación y compromiso por parte de los colaboradores, así como a un aumento en la satisfacción laboral y el rendimiento general del equipo.

Otra ventaja del coaching y la mentoría es su capacidad para proporcionar retroalimentación efectiva y constructiva. A través de sesiones regulares de coaching y reuniones de mentoría, los líderes pueden ofrecer retroalimentación específica y personalizada sobre el desempeño y el progreso de los colaboradores, así como sugerencias para mejorar y crecer profesionalmente. Esta retroalimentación oportuna y relevante puede ayudar a los colaboradores a identificar áreas de mejora y tomar medidas concretas para abordarlas.

Además, el coaching y la mentoría pueden promover el desarrollo de habilidades blandas y competencias interpersonales, que son cada vez más importantes en el entorno laboral actual. A través de sesiones de coaching y mentoría, los colaboradores pueden mejorar sus habilidades de comunicación, liderazgo, trabajo en equipo y resolución de problemas, lo que puede contribuir a su éxito a largo plazo en sus roles profesionales.

El coaching y la mentoría son prácticas fundamentales en el desarrollo profesional y el crecimiento de los miembros del equipo en cualquier organización. Estas estrategias ofrecen una oportunidad invaluable para los líderes y los colaboradores por igual, al proporcionar orientación personalizada, apoyo y recursos para mejorar el desempeño, alcanzar metas profesionales y avanzar en la carrera.

Al adoptar un enfoque de coaching y mentoría, los líderes pueden cultivar un ambiente de aprendizaje y crecimiento continuo, promoviendo así el éxito individual y colectivo dentro del equipo y la organización en su conjunto.

Construcción de equipos de alto rendimiento.

La construcción de equipos de alto rendimiento es una tarea fundamental para cualquier líder que busque el éxito sostenible en su organización. Estos equipos no solo son capaces de alcanzar metas y objetivos de manera consistente, sino que también cultivan un ambiente de trabajo positivo, donde los miembros se sienten valorados, motivados y comprometidos con el éxito colectivo. En este análisis, exploraremos estrategias clave para formar y liderar equipos de alto rendimiento que trabajen de manera colaborativa y logren resultados excepcionales.

Primero, es crucial comprender la importancia de la diversidad en la construcción de equipos de alto rendimiento. La diversidad en términos de habilidades, experiencias, antecedentes y perspectivas enriquece el pool de talentos del equipo y promueve la creatividad y la innovación. Al reunir a individuos con diferentes fortalezas y habilidades complementarias, se fomenta un ambiente de aprendizaje continuo donde los miembros pueden compartir conocimientos y experiencias, y colaborar en la resolución de problemas de manera efectiva. Además, es esencial establecer metas y expectativas claras desde el principio y alinearlas con la visión y los objetivos organizacionales.

Los equipos de alto rendimiento tienen una comprensión clara de lo que se espera de ellos y cómo su trabajo contribuye al éxito general de la organización. Esto les brinda un sentido de propósito y dirección, lo que los motiva a trabajar hacia metas comunes y comprometidas.

La comunicación abierta y efectiva es otro pilar fundamental en la construcción de equipos de alto rendimiento. Los líderes deben fomentar un ambiente donde se valore y se practique la comunicación transparente, honesta y respetuosa. Esto incluye la promoción de una cultura de retroalimentación constructiva, donde los miembros del equipo se sientan seguros compartiendo ideas, preocupaciones y sugerencias para mejorar el trabajo en equipo y el rendimiento general.

Además, los líderes deben fomentar un ambiente de confianza y respeto mutuo dentro del equipo. La confianza es la base de cualquier relación efectiva, y los equipos de alto rendimiento no son una excepción. Los líderes deben demostrar integridad, honestidad y coherencia en sus acciones y decisiones, y fomentar un ambiente donde los miembros se sientan seguros compartiendo sus ideas y opiniones sin temor a represalias o juicios.

La colaboración y el trabajo en equipo son elementos esenciales en la construcción de equipos de alto rendimiento. Los líderes deben fomentar un ambiente donde se valore y se fomente la colaboración entre los miembros del equipo, reconociendo y recompensando los esfuerzos colectivos y promoviendo un sentido de camaradería y apoyo mutuo. Esto puede implicar la asignación de proyectos y tareas que fomenten la colaboración y el intercambio de ideas, así como la celebración de los logros del equipo de manera colectiva.

Además, los líderes deben invertir en el desarrollo profesional y el crecimiento personal de los miembros del equipo. Esto puede implicar la provisión de oportunidades de capacitación y desarrollo, el establecimiento de programas de mentoría y coaching, y el reconocimiento y la recompensa del desempeño excepcional. Al invertir en el crecimiento y desarrollo de los miembros del equipo, los líderes no solo fortalecen las habilidades y capacidades del equipo, sino que también promueven un sentido de compromiso y lealtad hacia la organización.

La construcción de equipos de alto rendimiento es un proceso continuo que requiere un compromiso constante por parte de los líderes y los miembros del equipo. Al adoptar estrategias que fomenten la diversidad, establezcan metas claras, promuevan la comunicación efectiva, fomenten la confianza y el respeto mutuo, fomenten la colaboración y el trabajo en equipo, y promuevan el crecimiento y desarrollo personal y profesional, los líderes pueden crear equipos altamente efectivos y capaces de lograr resultados excepcionales de manera consistente.

Capítulo 10:
Innovación y Cambio
Organizacional.

Cultura de la innovación.

Fomentar una cultura de la innovación dentro de una organización es crucial para mantenerse relevante en un entorno empresarial en constante cambio y para impulsar el crecimiento y la competitividad a largo plazo. Una cultura de la innovación no solo implica la generación de nuevas ideas, sino también la capacidad de implementarlas de manera efectiva y ágil. En este análisis, exploraremos cómo los líderes pueden fomentar una cultura organizacional que valore la innovación y fomente la creatividad entre sus equipos.

En primer lugar, es fundamental que los líderes establezcan una visión clara y compartida de la importancia de la innovación dentro de la organización. Esto implica comunicar de manera efectiva los beneficios de la innovación y cómo puede conducir al éxito a largo plazo de la empresa. Al articular una visión convincente de la innovación, los líderes pueden inspirar y motivar a los empleados a contribuir con nuevas ideas y soluciones creativas.

Además, los líderes deben crear un entorno que fomente la experimentación y el aprendizaje continuo. Esto puede implicar permitir el fracaso como parte del proceso de innovación, siempre que se extraigan lecciones valiosas de cada experiencia. Al promover una cultura de aprendizaje y crecimiento, los líderes pueden alentar a los empleados a probar nuevas ideas y enfoques sin temor al fracaso, lo que puede conducir a la generación de soluciones innovadoras.

La colaboración y el trabajo en equipo también son elementos clave en la construcción de una cultura de la innovación. Los líderes deben fomentar la colaboración interdepartamental y crear oportunidades para que los empleados de diferentes áreas y niveles jerárquicos trabajen juntos en proyectos de innovación. Esto puede ayudar a generar nuevas perspectivas y enfoques, así como a fomentar un sentido de pertenencia y compromiso con los objetivos de innovación de la organización.

Además, es importante proporcionar a los empleados el tiempo, los recursos y el espacio necesario para dedicarse a actividades creativas y de innovación. Esto puede implicar asignar tiempo específico durante la semana para proyectos de innovación, así como proporcionar acceso a herramientas y tecnologías que faciliten la experimentación y la colaboración. Al invertir en recursos para la innovación, los líderes demuestran su compromiso con la creación de una cultura que valore y apoye la creatividad y la innovación.

Los líderes también pueden fomentar la innovación reconociendo y recompensando el pensamiento creativo y las contribuciones innovadoras de los empleados. Esto puede implicar celebrar los éxitos y los logros relacionados con la innovación, así como proporcionar incentivos y oportunidades de desarrollo para aquellos que contribuyan de manera significativa a la generación de nuevas ideas y soluciones. Al reconocer y recompensar la innovación, los líderes refuerzan los comportamientos deseados y fomentan una cultura en la que la creatividad y la innovación sean valoradas y estimuladas.

Además, los líderes deben actuar como modelos a seguir y promover una mentalidad de liderazgo abierto y receptivo a nuevas ideas y enfoques. Esto puede implicar compartir experiencias personales de innovación y mostrar vulnerabilidad al reconocer los desafíos y obstáculos que enfrentan en el proceso de innovación.

Al demostrar un compromiso personal con la innovación, los líderes pueden inspirar a otros a seguir su ejemplo y contribuir activamente a la cultura de la innovación dentro de la organización. Fomentar una cultura de la innovación es fundamental para el éxito a largo plazo de cualquier organización. Los líderes desempeñan un papel crucial en la construcción de esta cultura al establecer una visión clara y compartida de la importancia de la innovación, crear un entorno que fomente la experimentación y el aprendizaje, promover la colaboración y el trabajo en equipo, proporcionar recursos y apoyo para la innovación, reconocer y recompensar la creatividad y la innovación, y actuar como modelos a seguir para una mentalidad de liderazgo abierto y receptivo a nuevas ideas y enfoques.

Al adoptar estas estrategias, los líderes pueden cultivar una cultura organizacional que valore la innovación y fomente la creatividad, lo que puede conducir a la generación de soluciones innovadoras y al éxito a largo plazo de la organización.

Gestión del cambio.

Gestionar el cambio en una organización es una habilidad crítica para los líderes, ya que el entorno empresarial está en constante evolución y las empresas deben adaptarse para mantenerse competitivas. Sin embargo, implementar cambios dentro de una organización puede ser un proceso complejo y desafiante, ya que requiere liderazgo efectivo y la capacidad de gestionar la resistencia al cambio. En este análisis, exploraremos técnicas para liderar con éxito procesos de cambio organizacional y gestionar la resistencia al cambio de manera efectiva.

En primer lugar, es fundamental que los líderes establezcan una visión clara y convincente del cambio y comuniquen esta visión de manera efectiva a todos los miembros de la organización. La comunicación abierta y transparente sobre los motivos del cambio, los objetivos que se pretenden alcanzar y el impacto que tendrá en la organización y en los empleados es esencial para generar apoyo y compromiso con el proceso de cambio.

Además, los líderes deben involucrar a los empleados en el proceso de cambio, brindándoles la oportunidad de participar en la toma de decisiones y contribuir con ideas y sugerencias. Al involucrar a los empleados en el proceso de cambio, los líderes pueden ayudar a crear un sentido de propiedad y compromiso con el cambio, lo que puede aumentar la probabilidad de éxito del proceso de cambio. Es importante reconocer que el cambio puede generar resistencia entre los empleados, ya sea debido al miedo a lo desconocido, la pérdida de familiaridad o la percepción de amenaza a la seguridad laboral. Los líderes deben ser conscientes de esta resistencia y desarrollar estrategias para gestionarla de manera efectiva. Esto puede implicar la identificación de las causas subyacentes de la resistencia al cambio, la comunicación abierta y honesta sobre los beneficios del cambio, y la provisión de apoyo y recursos para ayudar a los empleados a adaptarse al cambio.

Además, los líderes deben mostrar empatía y comprensión hacia los empleados que experimentan resistencia al cambio, reconociendo sus preocupaciones y brindando el apoyo necesario para ayudarles a superarlas. Esto puede implicar ofrecer oportunidades de capacitación y desarrollo para adquirir las habilidades necesarias para adaptarse al cambio, así como proporcionar orientación y mentoría para ayudar a los empleados a gestionar el estrés y la incertidumbre asociados con el cambio.

La gestión del cambio también requiere una planificación cuidadosa y una ejecución efectiva. Los líderes deben desarrollar un plan detallado para implementar el cambio, que incluya la asignación de roles y responsabilidades, la definición de plazos y hitos clave, y la identificación de métricas de éxito para evaluar el progreso del cambio. Además, los líderes deben estar preparados para adaptar el plan de cambio según sea necesario en respuesta a los desafíos y obstáculos que surjan durante el proceso de cambio.

Es importante destacar que la gestión del cambio es un proceso continuo y que los líderes deben estar preparados para enfrentar nuevos desafíos y ajustar sus estrategias a medida que avanza el proceso de cambio. Al mantenerse flexibles y receptivos a los comentarios y retroalimentación de los empleados, los líderes pueden mejorar continuamente sus enfoques de gestión del cambio y aumentar las posibilidades de éxito del proceso de cambio organizacional.

La gestión del cambio es una habilidad crítica para los líderes, ya que las organizaciones buscan adaptarse y prosperar en un entorno empresarial en constante evolución. Al establecer una visión clara del cambio, involucrar a los empleados en el proceso, gestionar la resistencia al cambio de manera efectiva y ejecutar el cambio de manera cuidadosa y planificada, los líderes pueden liderar con éxito procesos de cambio organizacional y posicionar a sus organizaciones para el éxito a largo plazo.

Pensamiento estratégico.

El pensamiento estratégico es una habilidad esencial para los líderes en cualquier nivel de una organización. Implica la capacidad de analizar de manera integral el entorno, identificar tendencias emergentes, evaluar recursos y competencias, y tomar decisiones informadas que conduzcan al logro de los objetivos a largo plazo de la organización. En este análisis, exploraremos la importancia del pensamiento estratégico en el contexto del liderazgo, así como algunas estrategias para desarrollar esta habilidad.

En un mundo empresarial cada vez más complejo y competitivo, el pensamiento estratégico se ha vuelto fundamental para el éxito organizacional. Los líderes deben ser capaces de mirar más allá de las demandas inmediatas del día a día y adoptar una perspectiva más amplia y a largo plazo. Esto implica comprender la visión y la misión de la organización, así como los desafíos y oportunidades que enfrenta en su entorno externo e interno.

Una de las principales razones por las que el pensamiento estratégico es tan importante es su papel en la formulación de objetivos a largo plazo. Los líderes estratégicos no solo se centran en resolver problemas inmediatos, sino que también tienen en cuenta cómo las decisiones actuales afectarán el futuro de la organización. Esto implica identificar y priorizar áreas clave de enfoque, establecer metas claras y alcanzables, y desarrollar planes de acción detallados para alcanzar esas metas a largo plazo.

Además, el pensamiento estratégico es fundamental para la toma de decisiones informadas y efectivas. Los líderes estratégicos son capaces de evaluar cuidadosamente las opciones disponibles, anticipar posibles consecuencias y tomar decisiones que estén alineadas con los objetivos y valores fundamentales de la organización. Esto requiere una comprensión profunda del entorno empresarial, así como una capacidad para analizar datos e información de manera crítica y objetiva. Para desarrollar el pensamiento estratégico, los líderes pueden adoptar varias estrategias y técnicas.

Una de ellas es cultivar una mentalidad de aprendizaje continuo, buscando activamente nuevas ideas y perspectivas y estando abierto a cambiar de opinión cuando sea necesario. Además, es importante fomentar un entorno que promueva el debate abierto y el intercambio de ideas, donde se valoren y respeten las opiniones diversas.

Otra estrategia clave es desarrollar la capacidad de pensar de manera sistémica y holística. Esto implica considerar no solo las partes individuales de un problema o situación, sino también cómo están interconectadas y cómo afectan al sistema en su conjunto. Al adoptar esta perspectiva más amplia, los líderes pueden identificar de manera más efectiva las interdependencias y las implicaciones a largo plazo de sus decisiones. Además, es importante desarrollar habilidades analíticas sólidas, incluida la capacidad de recopilar, organizar y analizar datos de manera efectiva.

Esto puede implicar el uso de herramientas y técnicas analíticas avanzadas, así como la colaboración con expertos en áreas específicas para obtener información y asesoramiento. Por último, pero no menos importante, es fundamental desarrollar habilidades de comunicación efectivas para transmitir de manera clara y persuasiva las ideas estratégicas a todas las partes interesadas. Esto implica ser capaz de adaptar el mensaje a la audiencia y utilizar múltiples canales de comunicación para garantizar que se comprenda y se acepte.

El pensamiento estratégico es una habilidad crítica para los líderes en cualquier organización. Implica la capacidad de formular objetivos a largo plazo, tomar decisiones informadas y efectivas, y anticipar y responder proactivamente a los cambios en el entorno empresarial. Al adoptar estrategias clave para desarrollar esta habilidad, los líderes pueden posicionarse para enfrentar los desafíos futuros y guiar a sus organizaciones hacia el éxito a largo plazo.

Adaptabilidad y flexibilidad.

La adaptabilidad y la flexibilidad son habilidades críticas en el mundo empresarial actual, donde el cambio es constante y rápido. Los líderes que poseen estas cualidades son capaces de enfrentar los desafíos de manera efectiva, ajustarse a nuevas circunstancias y aprovechar las oportunidades emergentes. En este análisis, exploraremos la importancia de la adaptabilidad y la flexibilidad en el liderazgo, así como algunas estrategias para desarrollar estas habilidades.

En un entorno empresarial dinámico y altamente competitivo, la capacidad de adaptarse al cambio es esencial para el éxito a largo plazo. Los líderes que son adaptables y flexibles son capaces de enfrentar desafíos inesperados y ajustar su enfoque según sea necesario para lograr los objetivos organizacionales. Esto implica ser capaz de cambiar de dirección rápidamente cuando las circunstancias lo requieran, sin perder de vista la visión y los valores fundamentales de la organización.

Una de las razones por las que la adaptabilidad y la flexibilidad son tan importantes es su papel en la resiliencia organizacional. Las organizaciones que fomentan una cultura de adaptabilidad son más capaces de responder eficazmente a los cambios en el entorno empresarial y superar los desafíos que enfrentan. Los líderes que son capaces de adaptarse rápidamente a nuevas situaciones y aprender de la experiencia son fundamentales para construir esta resiliencia.

Además, la adaptabilidad y la flexibilidad son fundamentales para la innovación y el crecimiento empresarial. Los líderes que son capaces de pensar de manera creativa y explorar nuevas ideas son más propensos a identificar oportunidades emergentes y encontrar soluciones innovadoras a los problemas. La capacidad de adaptarse a nuevas tecnologías, modelos de negocio y tendencias del mercado es esencial para mantener la relevancia y la competitividad en un entorno empresarial en constante evolución.

Para desarrollar la adaptabilidad y la flexibilidad, los líderes pueden adoptar varias estrategias y técnicas. Una de ellas es cultivar una mentalidad de aprendizaje continuo, estando abierto a nuevas ideas y perspectivas y buscando activamente oportunidades para crecer y desarrollarse personal y profesionalmente. Esto puede implicar buscar retroalimentación de colegas y mentores, participar en programas de desarrollo profesional y buscar oportunidades para adquirir nuevas habilidades y conocimientos.

Además, es importante desarrollar la capacidad de mantener la calma y la compostura en situaciones de presión y estrés. Los líderes que son capaces de mantener la serenidad y el enfoque bajo presión son más propensos a tomar decisiones efectivas y liderar a sus equipos hacia el éxito. Esto puede implicar practicar técnicas de manejo del estrés, como la respiración profunda, la meditación y el ejercicio regular.

Otra estrategia clave es fomentar la colaboración y el trabajo en equipo dentro de la organización. Los líderes que son capaces de construir equipos diversos y cohesionados son más propensos a encontrar soluciones creativas y efectivas a los desafíos que enfrentan. Esto implica fomentar un entorno donde se valoren y se respeten las opiniones diversas, se fomente el intercambio abierto de ideas y se promueva la colaboración y la cooperación entre los miembros del equipo.

Además, es importante desarrollar la capacidad de adaptarse a diferentes estilos de trabajo y preferencias personales. Los líderes que son capaces de ajustarse a las necesidades y estilos de comunicación de los demás son más propensos a construir relaciones sólidas y efectivas con sus colegas y colaboradores. Esto puede implicar ser receptivo a las opiniones y perspectivas de los demás, ser flexible en la asignación de tareas y responsabilidades, y estar dispuesto a comprometerse cuando sea necesario. La adaptabilidad y la flexibilidad son habilidades fundamentales en el liderazgo empresarial. Los líderes que poseen estas cualidades son capaces de enfrentar desafíos con confianza, ajustarse a nuevas circunstancias y aprovechar las oportunidades.

Al adoptar estrategias clave para desarrollar estas habilidades, los líderes pueden posicionarse para liderar con éxito en un entorno empresarial en constante cambio.

Fomento de la experimentación y aprendizaje.

Fomentar la experimentación y el aprendizaje continuo en una organización es fundamental para mantenerse relevante en un entorno empresarial en constante evolución. En un mundo donde el cambio es la única constante, las empresas que pueden adaptarse rápidamente y aprender de sus experiencias tienen una ventaja competitiva significativa. En este análisis, exploraremos la importancia de promover la experimentación y el aprendizaje continuo, así como algunas estrategias clave para hacerlo efectivamente.

En primer lugar, es importante reconocer que la experimentación y el aprendizaje son motores clave de la innovación. Al alentar a los empleados a probar nuevas ideas y enfoques, una organización puede descubrir nuevas formas de hacer las cosas, identificar oportunidades para mejorar la eficiencia y la efectividad, y desarrollar soluciones creativas a los desafíos empresariales. La experimentación también puede ayudar a una organización a mantenerse ágil y receptiva a los cambios en el mercado y en el entorno empresarial.

Además, fomentar la experimentación y el aprendizaje continuo puede mejorar el compromiso y la motivación de los empleados. Cuando los empleados tienen la oportunidad de contribuir con ideas y participar en proyectos interesantes y desafiantes, están más comprometidos con su trabajo y se sienten valorados por la organización. La experimentación también puede ayudar a desarrollar una cultura de confianza y colaboración, donde los empleados se sientan cómodos compartiendo ideas y trabajando juntos para lograr objetivos comunes.

Una forma efectiva de fomentar la experimentación y el aprendizaje continuo es establecer un entorno que promueva la curiosidad y la exploración. Esto puede implicar proporcionar tiempo y recursos para que los empleados dediquen a proyectos de investigación y desarrollo, así como crear espacios físicos y virtuales donde puedan colaborar y compartir ideas. También es importante recompensar y reconocer el esfuerzo y la creatividad de los empleados, incluso si los resultados no son siempre exitosos.

Además, es importante fomentar una mentalidad de aprendizaje en toda la organización, donde se vea el fracaso como una oportunidad para aprender y mejorar. En lugar de castigar el fracaso, los líderes deben alentar a los empleados a reflexionar sobre sus experiencias, identificar lecciones aprendidas y aplicar esos conocimientos para mejorar en el futuro. Esto puede implicar celebrar los éxitos y los fracasos por igual, y reconocer que el aprendizaje a menudo viene de la mano de la adversidad.

Otra estrategia clave es proporcionar oportunidades formales e informales de desarrollo profesional y capacitación. Esto puede incluir programas de mentoría y tutoría, cursos de formación en línea y fuera de línea, y oportunidades para asistir a conferencias y eventos de la industria. Al invertir en el desarrollo profesional de los empleados, una organización puede mejorar su capacidad para innovar y adaptarse a los cambios en el entorno empresarial.

Por último, pero no menos importante, es importante fomentar una cultura de feedback y retroalimentación constructiva, donde los empleados se sientan cómodos dando y recibiendo comentarios honestos y útiles. Esto puede ayudar a identificar áreas de mejora y oportunidades de aprendizaje, así como fomentar un ambiente de confianza y apertura donde se valore el crecimiento y el desarrollo personal y profesional.

Fomentar la experimentación y el aprendizaje continuo es fundamental para impulsar la innovación y el crecimiento en una organización. Al alentar a los empleados a probar nuevas ideas, aprender de sus experiencias y trabajar juntos para lograr objetivos comunes, una organización puede mantenerse ágil y adaptarse con éxito a los cambios en el entorno empresarial. Al seguir algunas de las estrategias mencionadas anteriormente, los líderes pueden crear un entorno propicio para la experimentación y el aprendizaje continuo, y establecer a su organización para el éxito a largo plazo.

Conclusión.

En el fascinante viaje del liderazgo empresarial, hemos explorado un vasto paisaje de conceptos, estrategias y habilidades destinadas a impulsar el éxito y la excelencia. Desde la definición misma del liderazgo hasta la construcción de equipos de alto rendimiento y la gestión del cambio organizacional, hemos desentrañado las complejidades de dirigir y motivar a otros hacia un objetivo común.

Al reflexionar sobre este viaje, es importante recordar que el liderazgo no es solo un conjunto de habilidades técnicas, sino también una expresión de nuestra humanidad compartida. Detrás de cada estrategia y técnica, hay personas reales con sueños, aspiraciones y desafíos propios. Como líderes, nuestra capacidad para conectarnos con esas personas, comprender sus perspectivas y guiarlas hacia el éxito es lo que realmente marca la diferencia.

En un mundo donde la velocidad del cambio es vertiginosa y la incertidumbre es una constante, el liderazgo efectivo se vuelve más crucial que nunca. Los desafíos que enfrentamos pueden ser desalentadores, pero también ofrecen oportunidades para crecer, innovar y prosperar. Como líderes, es nuestro deber abrazar esos desafíos con valentía y determinación, y liderar con visión, integridad y compasión.

En última instancia, el liderazgo no se trata solo de alcanzar metas y objetivos organizacionales, sino también de inspirar y empoderar a otros para que alcancen su máximo potencial.

Es sobre construir comunidades, fomentar el crecimiento y dejar un legado positivo que perdure mucho más allá de nuestro tiempo en el cargo. Así que te invito, querido lector, a abrazar tu papel como líder con pasión y compromiso. Aprovecha las lecciones aprendidas en este libro como un trampolín hacia un liderazgo más efectivo y significativo.

Inspira a otros con tu ejemplo, fomenta la innovación y el aprendizaje continuo, y juntos, forjemos un futuro más brillante y prometedor para todos. ¡El mundo espera tu liderazgo!